KB214953

그대는 한 송이 꽃

그대는 한 송이 꽃
—

1판 1쇄 2024년 8월 20일

지은이 김기석
펴낸이 한종호
디자인 임현주
인 쇄 미래피앤피

펴낸곳 꽃자리
출판등록 2012년 12월 13일
주소 경기도 의왕시 백운중앙로 45, 207동 503호(학의동, 효성해링턴플레이스)
전자우편 amabi@daum.net
블로그 http://fzari.tistory.com

Copyright ⓒ 김기석 2024

—

ISBN 979-11-86910-54-2 03230
값 15,000원

그대는 한 송이 꽃

김기석 지음

 꽃자리

한 가닥의 실을

건네는 심정으로

사금을 채취하기 위해 물속에 발을 담근 채 체를 들고 모래를 고르고 또 고르는 이들의 고된 노동을 생각해 본다. 기약 없는 시간의 권태를 그들은 무엇에 기대 견디는 것일까? 언젠가는 반짝이는 돌과 만나리라는 실낱같은 기대? 그럴 것이다. 하지만 그들의 노동은 보상받지 못할 때가 많다. 해가 뉘엿뉘엿 저무는 시간, 체를 놓고 돌아서는 이들의 쓸쓸한 뒷모습에 마음이 울가망해진다. 산다는 건 그런 것일까? 빛나는 순간이 도래하기를 바라며 고단한 일상을 견디는 것. 이렇게 말하면 너무 비관적으로 들릴지 모르겠지만 사실 삶은 그런 것 아닐까? 빛나는 순간이야 오건 말건 한 자리에서 묵새기며 삶을 견디는 이들이 의외로 많지 않던가. 자기에게 주어진 생명의 몫을 담담하고 담백하게 살아내는 이들은 모든 일이 자기 뜻대로 이루어지지 않는다고 하여 안달하거나 괴덕부리지 않는다. 하지만 그들도 예기치 않은 순간에 선물처럼 다가오는 아름다운 순간들을 즐긴다. 그 순간의 기억을 시간여행의 노자로 삼는다.

글을 쓴다는 것, 그것은 모래 속에 묻힌 사금을 찾는 것과 유사하다. 글을 쓴다는 것은 특별할 것도 없는 일상의 경험을 체로 거르고 또 거르는 일이고, 글쓰기의 보람은 인식의 지평에 떠오른 낯선 광휘와 마주치는 것이다. 어둠을 밝히는 그 빛과 마주치는 순간, 자기가 어디에 있는지, 어디로 가고 있는지를 깨닫게 된다. 오르한 파묵은 자신의 글쓰기를 바늘로 우물 파는 행위에 빗대 설명했다. 한 마디로 말하자면 무모한 열정이라는 말일 것이다. 그런데도 그 무모한 열정을 떨쳐버리지 못하는 것은, 바위에서 솟아오를 샘물에 대한 기대가 있기 때문이다. 그 암암한 기대에 떠밀리며 자기 생에 복무하는 것이 작가이다. 감히 작가를 자처할 수는 없지만 그 엄정한 고독을 조금은 알 듯도 하다.

글쓰기는 고독한 행위이지만 누군가를 향한 말 건넴이다. 늘 만나는 사람들과도 속 깊은 이야기를 나누지 못한다. 가족이나 벗들도 설면하게 대한다. 소통을 갈망하면서도 소통에 실패하는 이 무능함이 우리 시대 우울의 뿌리이다. 그렇기에 나희덕의 시 〈산속에서〉에 깊이 공감한다.

산에서 하느님을 만난다
길을 잃어보지 않은 사람은 모르리라

터덜거리며 걸어간 길 끝에

멀리서 밝혀져 오는 불빛의 따뜻함을

막무가내의 어둠 속에서

누군가 맞잡을 손이 있다는 것이

인간에 대한 얼마나 새로운 발견인지

산속에서 밤을 맞아본 사람은 알리라

(후략)

멀리서 밝혀 오는 불빛의 따뜻함, 맞잡을 손 하나가 절망의 심연에서 우리를 건져준다. 누군가에게 편지를 쓴다는 것은 그에게 손을 내미는 행위이다. 그런데 병 속에 담아 물에 띄워 보내는 편지처럼 대상을 특정하지 않은 편지는 누구라도 좋으니 시린 손을 마주 잡고, 온기를 나누자는 일종의 초대이다. 이 초대에 응할 이들이 있을까?

여러 해 전부터 이런저런 지면에 썼던 글을 다시 묶는다. 대화체로 된 글도 있고, 편지의 형태를 띤 글도 있다. 나름의 절박함이나 안타까움이 이 글을 쓰게 했을 것이다. 적시하지는 않았지만 대상이 분명한 글도 있고, 익명의 독자들을 염두하며 쓴 글도 있다. 그런 글들을 책으로 엮는 것은 이미 식어버린 재를 뒤적이는 것처럼 면구스러운 일이지만, 누군가 이 글 속에서 작은 불씨 한 점이라도 발견할 수 있다면, 그

불씨가 상기시키는 아름다운 기억을 되새기며 가야 할 길을 다시 한 번 가늠할 수 있다면 그것으로 족할 뿐이다.

'그대가 있어 내가 있다'는 말이 날이 갈수록 실감난다. 삶이 고마움임을 이제야 절절하게 깨닫는다. 아테네의 영웅 테세우스가 미노타우로스의 미궁에서 빠져나올 수 있었던 것은 그를 사랑하는 아리아드네가 건네준 명주실 타래 덕분이었다. 이 책이 께느른한 권태에 빠진 이들에게 한 가닥의 실이 될 수 있을까? 이 책을 손에 든 모든 이들에게 감사한다.

사랑을 향한 순례의 길에서

편지 ─────────────────────────

"텔레비전을 통해 정치인들을 보면 괜히 우울해져요.
그들은 절망과 환멸을 확대재생산하는 것을
자기들의 역사적 소임으로 생각하는 것이 아닌가 싶어요.
그들을 정치인이 아닌 맨 얼굴의 이웃으로 만나도
마찬가지 느낌일까요?
그들은 가족들 앞에서도 그런 가면을 쓰고 살아갈까요?"

"자기와 다른 입장을 가진 사람들을 조롱하고 욕하고
없애려는 이들은 그들에게 어떤 가면을 씌우는 것 같아.
'그들은 사람이 아니라 원수이다', '그들은 테러리스트다',
'그들은 사탄이다.' 이렇게 가면을 씌움으로써
그들은 맨 얼굴을 대하는 고통 없이 그들을 파괴하는 거지.
그런데 함께 살아가야 할 이웃들을 철저히 타자화시키고
물화시킴으로써 그들이 얻는 것은 세상의 평화도 아니고,
정의도 아니야. 강자의 이익일 뿐이지."

가면과
맨 얼굴

하나님을 배반하는 역사

"난 점점 기독교가 싫어져요."

"난데없이 그게 무슨 소리야?"

"지난번 트럼프 대통령의 선출에 결정적인 역할을 한 게 미국의 근본주의 기독교인들이라면서요?"

"그렇다고 하더라."

"그래서 행복하세요?"

"뭐야? 내가 왜 행복해?"

"기독교인들의 뜻대로 되었으니 말이에요."

"얘가 노골적으로 비꼬네. 트럼프를 당선시킨 그 세력이 기독교를 대표하는 것도 아니려니와, 기독교인들의 뜻이 곧 하나님의 뜻과 늘 일치하는 것도 아니야."

"그래도 미국의 보수적인 기독교인들의 생각이 승리주의와 편협한 도덕주의에 머물러 있다는 사실은 참 유감스러워요. 트럼프가 승리할 수 있었던 것은 그들을 타겟으로 삼아 동성 간의 결혼과 낙태에 반대한다는 도덕주의적 캠페인이 먹혀들었기 때문이라면서요?"

"그렇다더라. 문제는 그들의 도덕주의가 다른 인종, 다른 이념, 다른 종교를 가진 사람들을 포용할 여백이 없다는 것이지. 개인적으로 보면 그들은 매우 선량한 사람들이고, 자기들의 진실에 충실한 사람일 수도 있겠지. 하지만 그들에게는 역사를 꿰뚫어보는 비전이 없어. 그건 좀 잔인한 말일수도 있지만 죄야. 무지함이야말로 악이 기생하는 텃밭이기 때문이야. 바로 보지 못하면 언제나 악하고 영리한 자들에게 이용당하게 마련이야."

"가장 눈을 크게 뜨고 있어야 할 기독교인들이 왜 그렇게

가면과 맨 얼굴

안목은 협소해지고, 생각이 천박해졌지요?"

"부자가 되었기 때문일 거야. 부자가 되었다는 말은 뭔가를 지키는 일에 더 큰 관심을 갖게 되었다는 말이거든. 부자들이 보수적인 것은 거의 필연적인 것이 아닌가 싶어."

"언젠가 교회가 단순한 평안을 받아들이자마자 이내 권력에 의해 부패된다고 하셨지요?"

"그건 내 말이 아니라 쟈크 엘룰의 말이야. 콘스탄티누스 이후의 교회의 범죄는 정치 권력과 정치적 행동에 대한 정당화 과정을 통해 드러났다고 말할 수 있을 거야. 힘 있는 사람들 편을 들면서 교회는 가난하고 소외된 사람들을 편드는 하나님을 배반하기 시작한 거지."

"하나님이 편을 든다는 말씀이 좀 낯설게 들리는데요."

"낯설 것 없어. 성경을 보면 알 수 있어. 하나님이 더 큰 관심을 갖는 사람들은 한 공동체 속에서 소외된 처지에 있는 사람들이야. 고아, 과부, 나그네… 예수님은 심지어 양 아흔아홉 마리를 두고 길 잃은 한 마리 양을 찾아가는 목자 이야기를 하시잖아. 그게 우리가 믿는 하나님이야. 기독교인들이 정신을 바짝 차려야지. 기독교가 얼마나 만만하게 보였으면 보수적인 어느 신문의 논객이 '애국 기독교계'가 다 들고 일어나 이 좌파 정권을 몰아내야 한다고 말하겠니? 나는 아주 모멸감을 느꼈어. '아, 우리가 여기까지 전락했나' 하는 생각에 아득해지더라."

우리가 불러야 할 노래

"미국의 부시 대통령이 재선에 성공한 후에 한 말도 생각나네요. '미국 대통령이 하겠다고 일단 말을 하면 그렇게 하는 것이 세계 평화를 위해 낫다.' 저는 당시의 그 기사를 보면서 요한계시록에 나오는 짐승이 떠올랐어요. 바다에서 나오는데 뿔이 열이고 머리가 일곱 개나 된다는 짐승 말이에요. 그게 어디 나오는 구절이지요?"

"13장일 거야. 한 번 찾아서 읽어보렴."

"아, 여기 있네요. '그 짐승은, 큰소리를 치며 하나님을 모독하는 말을 하는 입을 받고, 마흔 두 달 동안 활동할 권세를 받았습니다. 그 짐승은 입을 열어서 하나님을 모독하였으니, 하나님의 이름과 거처와 하늘에 사는 이들을 모독하였습니다.' 정말 기가 막힌 일치 아닌가요?"

"그래도 조심해라. 어떤 사람을 곧바로 묵시록에 나오는 이와 동일시하는 것처럼 위험한 일이 없단다."

"미국이 반이슬람, 테러와의 전쟁을 명분 삼아 전쟁을 벌이는 과정에서 오폭으로 인해 무고하게 죽어갔던 수백만 명의 사람들을 생각하면 견딜 수가 없어요. 그들도 다 살고 싶은 생명인데 말이에요. 그 속에서 다행히 살아남는다 해도 그들은 마음에 새겨진 지옥의 풍경을 평생 벗어버리지 못한 채 살아야 하겠지요? 어쩌면 그것은 죽음보다도 잔인한 일일 거예요. 아우슈비츠 이후에도 서정시가 가능한가를 물은 게 아도르노이지요? 정말 세상에 희망은 있나요? 우리가 남산에서 만난 단풍의 고움을 마음껏 노래해도 되는 건가요? 테러를 물리치기 위한 방법이 꼭 폭력이어야 할 이유는 없잖아요?"

"대답하기 어려운 것만 묻는구나. 그게 질문이 아니라 탄식이라는 걸 모르지는 않지만 말이야. 최근에 저 아픔의 땅 시리아에서 사린 가스로 보이는 화학무기가 살포돼 아이들 20명을 포함해 70여 명의 고귀한 생명이 코와 입으로 피를 토하며 죽어가는 처참한 모습을 보면서 몸서리치지 않을 수

그대는 한 송이 꽃

없었어. 특히 볼이 불그레한 예쁜 소년이 숨을 헐떡이며 죽어가는 모습을 보면서, 내가 사람이라는 사실이 부끄럽게 여겨졌어. 하지만 우리가 알아야 할 것은 아우슈비츠 수용소에서도 인간다움을 잃지 않은 사람이 있고, 포탄이 떨어지는 전쟁터에서도 사랑의 노래를 지은 사람이 있다는 사실이야. 꾀꼬리가 하나님께 가서 불평을 했다더라. 개구리의 시끄러운 울음소리 때문에 자기의 아름다운 노래가 들리지 않는다고 말이야. 그러자 하나님은 말씀하셨대. '가서 노래를 계속하려무나. 네가 노래를 부르지 않으니까 개구리의 울음소리가 더욱 시끄럽잖니.' 맞아. 그런 거지. 고통 받는 사람들의 아픔에 함께 아파해야 하지만, 그렇다고 해서 우리들이 불러야 할 아름다움의 노래를 포기해서는 안 돼."

"……"

맨 얼굴을 보는 용기

"세상이 가장 어두운 것은 꿈이 사라지는 때일 거야. 정현종 선생의 〈요격시 2〉가 떠오르는구나. 내가 몇 차례 읽어준 적이 있는데 기억날 거야."

다른 무기가 없습니다.
마음을 발사합니다.

토마호크 미사일은 떨어지면서 새가 되어 사뿐히 내려앉았습니다.
스커드 미사일은 날아가다가 크게 뉘우쳐 자폭했습니다.
재규어 미사일은 떨어지는 순간 꽃이 되었습니다.
패트리어트 미사일은 날아가다가 공중에서 비둘기가 되었습니다.
지이랄 미사일은 바다에 떨어져 물고기가 되었습니다.
도라이 미사일은 사막에 떨어지면서 선인장이 되었습니다.
자기악마 미사일은 어떤 집 창앞에 떨어지면서 나비가 되었습니다.
디스페어 미사일은 어떤 집 부엌으로 굴러들어가 순가락이 되었습니다.
플레이보이 미사일은 어떤 아가씨 방으로 숨어들어가 에로스가 되었습니다.
머어니 미사일은 어느 가난한 집 안방에 들어가 금이 되었습니다.
우라누스 미사일은 땅에 꽂히는 순간 호미가 되었습니다.
제구덩이 미사일은 저를 만든 공장으로 날아가 그 공장을 날려버렸습니다.

그대는 한 송이 꽃

머커리 미사일은 아주 작아져 어떤 아이 호주머니 속으로 들어
가 속삭였습니다: 이걸로 엿이나 바꿔 먹어.

……

우리는 저 시체들의 폐허 위에서 부르짖습니다
(UN의 힘을 훨씬 더 강화하면서)
UN은 무기 개발을 지금으로부터 영원히 중지하는 결의안을
채택하라!

"정말 발사된 미사일을 새와 나비와 비둘기와 물고기로 변
하게 하는 시스템이 개발되면 좋겠네요."

"허황한 꿈인지는 모르겠다만 그런 꿈을 끝끝내 버리지 않
아야 그런 세상에 다가갈 수 있을 거야. 그리고 그런 시스템
은 결국 우리 마음에 있는 사랑과 다른 존재에 대한 이해와
존경의 마음이겠구. 문제는 그런 시스템이 작동하지 않고 있
다는 거야."

"그냥 작동하지 않는다기보다는 오작동한다는 데 더 큰 문
제가 있지 않나요? 미움과 불신과 멸시를 생산하고 또 그것
을 증폭시키는 것 말이에요."

"그 시스템이 붕괴된 까닭은 뭘까?"

"욕심 때문이겠지요."

"욕심?"

"예, 더 가질 욕심, 더 지배하려는 욕심 말이에요."

"그렇겠구나. 한 번만이라도 고통 받는 사람들의 눈을 똑바로 바라본다면 그들을 함부로 대할 수는 없을 텐데. 굶주린 아이들의 슬픈 눈망울, 공포에 질린 여인들의 퀭한 눈망울, 몸이 찢기고 잘린 사람들의 이지러진 눈망울을 편견 없이 있는 그대로 보기만 하면, 그리고 그 눈들이 하는 말에 귀를 기울일 정도의 인내력만 있으면 세상이 이렇게 난장판이 되지는 않을 텐데…"

"사실 우리는 그런 얼굴과 마주칠 기회조차 박탈당하며 살고 있는 게 아닌가 싶어요. 제 주변에는 그런 사람들이 별로 없거든요. 그런데 막상 그런 분들과 맞닥뜨리게 되면 저도 그 눈길을 피할 것만 같아요."

"왜?"

"그 눈은 뭔가 우리에게 지금과는 다른 삶을 요구하기 때문이지요."

"그래서 사람들은 다른 이들의 얼굴에 색칠을 하나 봐. 그들을 비인간화시킴으로 자기들의 지배 욕망을 정당화하는 거지. 피에로는 슬픈 데도 사람들은 그를 보고 웃거든. 누군가의 맨 얼굴을 대하는 것보다 고통스러운 일은 없을 거야."

"화장기 없는 얼굴을 말하는 거 아니지요? 그래요, 내가 지고 가는 인생의 짐도 무거운데 남의 고통과 슬픔과 대면한다는 건 참 불편한 일인 것 같아요."

"예수님은 남의 눈에서 티끌을 빼겠다고 나서기 전에 자기 눈에서 먼저 티끌을 빼라고 하셨는데, 나는 그 말을 언제부터인가 우리 이웃들의 남모를 고통에 눈길을 주고 그들의 신음에 귀를 기울이라는 말로 이해하고 있어."

"그게 잘 안 돼요."

가면 쓰기, 가면 씌우기

"자기와 다른 입장을 가진 사람들을 조롱하고 욕하고 없애려는 이들은 그들에게 어떤 가면을 씌우는 것 같아. '그들은 사람이 아니라 원수이다', '그들은 테러리스트다', '그들은 사탄이다.' 이렇게 가면을 씌움으로써 그들은 맨 얼굴을 대하는 고통 없이 그들을 파괴하는 거지. 그런데 함께 살아가야 할 이웃들을 철저히 타자화시키고 물화시킴으로써 그들이 얻는 것은 세상의 평화도 아니고, 정의도 아니야. 강자의 이익일 뿐이지."

"그들은 자기 스스로도 가면을 쓰는 것 아닌가요?' 나는 외롭다'는 가면 말이에요. 자기 자신과 대면하지 않도록 해주는 보호막으로서의 가면 말이에요."

"맞아. 그런데 가면 쓰기를 전략으로 선택한 사람들도 있지만, 그 전략에 부화뇌동하면서 가면을 쓰는 사람도 있다는 사실을 알아차릴 수 있어야 해. 이청준 선생님의 소설 가운데 〈예언자〉라는 중편이 있는데, 거기에는 우리 사회의 권력이 즐겨 사용하는 가면놀이를 여왕봉이라는 술집에서 일어난 일을 중심으로 해서 보여주고 있어. 이야기는 여왕봉이라는 살롱에 새로운 마담이 오면서부터 시작되는데, 마담은 이상한 술집 규칙을 강요하지. 밤 10시가 되면 손님들과 여급들은 너 나 할 것 없이 일제히 가면을 써야 한다는 거야. 처음에는 낯설어하던 단골손님들도 어느덧 그 규칙에 익숙해지지. 가면을 쓴 사람들은 맨 얼굴로는 하기 어려운 행동을 스스럼없이 해. 그건 손님들이나 여급들이나 마찬가지야. 가면은 인격이 없으니까. 손님들은 일단 가면을 벗으면 가면을 쓰고 했던 행동과 무관한 사람처럼 행동했지. 작가는 이렇게 말해. '가면이란 이를테면 우리들 인간의 본능적 욕구의 발산을 규범화시켜 주는 풍속적 방편이지요. 그 서양의 가면 무도회라든가 우리 나라의 탈춤처럼… 가면은 어떤 추악스런 본능적 욕구의 발산도 그것을 덮어씀으로 하여 하나의 당당한 풍속으로 용납받을 수 있습니다. 음흉스런 지혜지요.' 기가 막힌 통찰 아니니? 가면은 결국 현실을 '허위'의 놀이로 바꾸는 기제인 셈이야. 손님들은 그 가면놀이에 무의식적으로 적응하면서 사실은 자기들이 홍 마담의 손아귀에 들어가고 있다는 걸 짐작조차 못하고. 철저한 타자화가 일어났다고 말할 수 있을까? 이제 마담은 손님들이 가면을 쓰고 있는 한 도붓장수 개 후리듯 그들의 의식을 지배할 수 있는 거지."

"지금 우리 사회에도 그렇게 가면이 씌워진 사람들이 많잖아요?"

"정치인들이 대표적이지."

"그들은 가면을 씌우는 사람들 아닌가요?"

"씌우는 사람인 동시에 씌워진 사람이라고 말하는 게 옳을 거야. 그들은 자기들이 쓴 가면을 통해 세상을 바라보지만 자기도 모르는 사이에 그 가면에 의해 규정되는 경우가 많아. 처음에는 필요에 따라 그 가면을 쓰기도 하고 벗기도 하지만, 나중에는 그 가면을 자기 얼굴인 줄 알고 사는 거야. 철저한 자기 소외가 일어나는 거지. 자기와 입장이 다른 사람을 향해서는 차마 입에 담을 수 없는 막말을 하고 모멸감을 안겨주면서도 정작 자신들의 비위를 건드리거나 자기들의 위엄을 인정하지 않으려는 태도에 대해서는 인내력을 잃고 말아. 그들이 사용하는 말은 진실을 드러내기는커녕 진실을 은폐 혹은 호도하는 데 이바지하는 경우가 많아."

"텔레비전을 통해 정치인들을 보면 괜히 우울해져요. 그들은 절망과 환멸을 확대재생산하는 것을 자기들의 역사적 소임으로 생각하는 것이 아닌가 싶어요. 그들을 정치인이 아닌 맨 얼굴의 이웃으로 만나도 마찬가지 느낌일까요? 그들은 가족들 앞에서도 그런 가면을 쓰고 살아갈까요?"

"글쎄다. 하지만 노파심에서 하는 말인데 우리가 어떤 사람들에 대해 말할 때 전칭명제로 말하는 것은 옳지 않아."

"아빠도 그렇게 말씀하실 때가 있잖아요?"

"그랬나? 하지만 그것은 일반화의 오류인 동시에 정신적 폭력이야. 감정적으로는 나도 어떤 집단의 사람들을 한통속으로 몰아붙이고 싶은 생각이 들 때가 있고, 또 그렇게 할 때도 있지만 그건 나의 미성숙의 증거일 뿐이야."

"하지만 사람이 이것저것 다 가리면서 어떻게 살아요? 가끔 실수도 하고, 오버도 하면서 사는 거지요."

다지면서 가야 할 길

"물론 그래. 하지만 타인이 숨쉴 수 있는 여백을 만드는 일을 소홀히 하면 안돼. 그의 가면 속에는 분명 말랑말랑한 맨얼굴이 있지 않겠니? 게다가 시간의 지평 속에서 살아가는 우리들은 진실의 실체를 온전히 보고 있다고 주장할 수 없거든. 내가 틀릴 수도 있다는 사실을 인정하지 않는 것이야말로 모든 근본주의의 뿌리야. 타자에 대한 폭력은 흔히 자기 생각의 절대화에서 비롯되는 걸 거야."

"종교는 그런 의미에서 폭력과 결합할 가능성이 아주 많겠네요?"

"인류 역사를 살펴보면 성스러움과 폭력은 이웃사촌이야. 예수님은 그런 인과관계를 끊는 길을 보여주신 거고. 십자가 상에서의 그의 죽음은 철저히 무고한 자의 죽음이고, 가공할 폭력의 사슬을 사랑과 관용으로 녹여버림으로써 구원의 길을 열었다고 말할 수 있을 거야. 일전에 내가 이야기했지? 예루살렘의 통곡의 벽에서 기도하는 보수적인 유대인들을 보면서 내 내면에 들려왔던 소리 말이야. '오늘 네가 평화의 길을 알았더라면 얼마나 좋았겠느냐! 그러나 지금 너는 그 길을 보지 못하는구나'(누가복음 19:42). 용서와 사랑과 포용, 그리고 나눔이 아니고는 세상에 평화를 가져오는 방법은 없어."

"옳은 말이라는 생각은 들지만 그건 너무 더딘 길 아닌가요?"

"더디더라도 다지면서 가야 쉽게 깨지지 않지."

"여하튼 미사일을 새와 나비, 비둘기와 물고기로 바꾸는 시스템이 빨리 가동되면 좋겠어요."

가면과 맨 얼굴

"사실 우리는 혈기에 든 병은 심각하게 생각하면서도
지기에 든 병은 알아차리지 못할 때가 많지. 학자들만 그런가.
신앙인들도 심각하지. 그 중에서도 영적 지도자를 자처하는
사람들의 경우는 더 말할 것도 없고. 함석헌 선생님이 그러셨지.
'꽃이 아무리 피어도 수정이 못 되면 열매를 못 맺듯이
전체의 뜻으로 수정이 못된 마음은 쓸데 마음이다.
젊음은 전체의 위대한 영으로 수정이 돼야 한다.'
나는 영성의 깊이란 결국 '전체와의 관련성을 깊이 자각하는
것'이라고 생각하는데, 이게 같은 말이 아닌가 싶어."

"전체의 뜻으로 수정된 마음이라! 바로 그거구나.
땅에서 들려오는 신음소리를 기도로 들으시는 분이 계시고,
그런 하나님의 정념을 가슴으로 느끼는 사람이 참 사람이라며,
그렇다면 진실은 책장에 갇힌 것이 아니라, 고통이 있는 곳,
또 그 고통의 문제를 해결하려고 팔을 걷어붙이고 나서는
사람들에게만 깃드는 것인지도 모르겠어."

영성의 깊이란
무엇일까

반환점을 돌고 나서

"이렇게 민박집에 머물면서, 버너와 코펠로 밥을 해먹어 본 게 얼마만인지 모르겠네."

"그동안 너무 여백 없이 살았지?"

"그래, 벽에 가득한 낙서를 보니까 우리 신학교 때 입석으로 퇴수회를 갔을 때가 생각나네. 생각나? 누군가가 베니어판 벽면에 매직으로 써놓았던 낙서. '신은 죽었다'—니체. 누군가가 그 밑에 이렇게 써놓았지? '니체는 죽었다'—신. 그땐 그래도 그게 꽤 신선하게 읽혔는데."

"저기 저 낙서 좀 봐. 'A man without a pot belly is a man without an appetite for life —Salman

Rushdi, 『The Moor's Last Sigh』. 누가 써놓았는지는 모르겠지만 그 사람의 체형은 짐작할 수 있겠어. 올챙이배를 한 중년의 사람일 거야 아마. 이런 구절을 외우고 있는 걸 보면 되돌리기 어려울 만큼 변화된 자기 체형을 삶에 대한 욕구로 포장하고 싶은 마음이 간절한 사람일 거야."

"그래도 그런 포장의 욕구라도 있으니 다행인가?"

"왜 이젠 뭐든 시들한가 보지?"

"반환점을 돈 지 벌써 한참 되었는데 아직도 내 인생이 오리무중이구나 생각하니 서글픈 생각이 들기도 하고."

"우리 신학교 시절은 나름대로 치열했지?"

"그렇지. 시대적 소명으로서의 정의, 그리고 실존적 진실과 허무 사이를 오가면서 우리는 싸우기도 하고 울기도 하고 달아나기도 했지."

"그런데 벌써 '몸'을 의식하게 되는 나이가 되어서, 젊은 날 우리를 달뜨게 했던 질문들은 사라지고, 또 다른 문제들에 치여 살고…"

영성의 깊이란 무엇일까

"생의 근본적인 문제를 붙들기보다는 비본래적인 문제들에 더 많은 시간을 바치고…"

"그래도 그대는 '타자'의 세계가 압도적인 상황이었음에도 불구하고 '나'라는 존재의 문제를 한 순간도 잊을 수가 없었는데."

"그래, '나'를 주체할 수 없었다고 할 수 있을까? 삼십 대 중반쯤에 정현종 선생의 번역으로 파블로 네루다의 시집을 처음 읽었는데, 그 중에 〈소나타와 파괴들〉이라는 시 가운데 이런 구절이 나와.

달이 사는 내 황폐한 침실 속에서,
내 식구인 거미들, 그리고 내가 좋아하는 파괴들 속에서,
나는 내 잃어버린 자아를 사랑하고, 내 흠 있는 성격,
내 능변의 상처, 그리고 내 영원한 상실을 사랑한다.

_〈소나타와 파괴들〉 중에서

나는 이 구절을 보면서 일종의 정신적 근친성을 느꼈던 것 같아. 나중에 네루다가 이 시를 쓴 게 19세였다는 사실을 알고는 깜짝 놀랐지. 여하튼 파괴를 좋아하고, 능변이 상처가

되고, 흠 있는 성격도 사랑할 수 있는 영혼의 쓸쓸함과 자부심이 동시에 느껴지지 않니?"

"조숙한 천재구만! 남을 기죽이는…. 여기서 이러고 있지 말고 물가로 나가자."

목숨을 건 자기 진실의 드러냄

"네가 전짓불을 그렇게 켰다 껐다 하니까 이청준 선생의 글이 생각난다. 혹시 들어봤니? 〈전짓불 앞의 방백〉이라고?"

"아니, 못 들어 봤는데."

"낮과 밤으로 좌와 우가 뒤바뀌던 뒤숭숭한 세월이 배경인데, 그게 이청준 선생의 개인적 체험인지 창작인지는 모르겠어. 지리산 자락 어딘가에서 일어난 일이야. 주민들에게는 생존이 무엇보다도 소중했던지라, 낮에는 경찰들 편이 되고 밤에는 빨치산 편이 될 수밖에 없었어. 어느 날 밤 누군가가 방문을 박차고 들어와 전짓불을 눈앞에 들이대고는 어느 편이냐고 묻는 거야. 미칠 노릇이지. 불빛 뒤의 상대방이 어느 편인지를 알면 대답은 간단해. 상대방을 기준으로 해서 안전한 대답을 선택하면 되니까. 하지만 문제는 전짓불을 비추고 있는 이가 어느 편인지를 알 수 없다는 거야. 어쩌면 이 물음이야말로 소설가로서의 이청준이 직면할 수밖에 없던 본질적인 상황이었던 것 같은데, 그는 이렇게 말하고 있어.

> 길은 다만 한 가지. 그것은 자기 자신의 진실을 근거로 한 선택이 될 수밖에 없다. 그것은 바로 제 목숨을 건 자기 진실의 드러냄인 것이다. 그 밖의 다른 길은 없는 것이다.
> 마지막에 가선 자기 진실에 기대어 그것을 지키는 것뿐. 위험하기는 하지만 거기서밖에는 자신을 버티고 설자리가 마련될 수 없으리라는 참담한 이야기다.

진실 밖에는 버티고 설 자리를 마련할 수 없다는 절박함과 목숨을 건 자기 진실의 드러냄이 없이는 진정한 글을 쓸 수 없다는 거지. 이것이 이청준의 문학이 지금까지도 진부해지지 않는 비결이 아닌가 싶어. 아니, 비결이란 말은 적절치 않겠다. 그건 방법이 아니니까 말이야. 하여튼 나는 이 대목이 떠오를 때마다 그것을 나의 상황으로 환치시켜놓고 생각해보곤 하는데, 과연 내가 진실이라는 위험한 길을 선택할 수 있을까 아직은 자신이 없어."

"그건 자신한다고 되는 문제가 아니지. 맥락도 다르고, 경중도 다르지만 목회 현장에서도 그와 비슷한 선택 앞에 서야 할 때도 있는 것 같아. 예를 들어 교인 A와 교인 B는 아주 앙숙이야. 서로가 하는 일을 사사건건 트집 잡고 말을 만들지. 그런데 그들은 매우 충성스럽고 헌신적이야. 교회에서 없어서는 안 될 사람들인 거지. 문제는 그들의 충성 경쟁에서 비롯된 갈등이 다른 교인들에게도 파급된다는 데 있어. 목회자는 그 둘 사이에 서서 조심스럽게 조정자의 역할을 해야겠지. 그러나 목회자도 사람인지라 조정자로서의 역할이 한계에 도달했다고 느낄 때가 있어. 그러면 마침내 '진실'을 드러낼 수밖에 없지."

"어떻게?"

"흑백을 가르듯 누구는 옳고 누구는 그르다고 말하는 것은 어쩌면 주제넘은 일일 것이고, 다만 내가 겪어왔던 어려움을 솔직하게 드러내는 거지. '당신들 때문에 내가 몹시 힘들다. 두 분 다 소중한 분들이지만, 이런 점은 공동체에 부담이 된다.' 그러면 그분들은 처음으로 자기들의 틀을 깨고 제3자를 의식하게 돼. 그게 얼마나 지속될 수 있을지는 별개의 문제이기는 하지만 말이야."

"꾸짖거나 외면하기는 쉬워도 실상을 있는 그대로 되비춰 준다는 게 여간 어려운 게 아닌데. 결국 그런 진실의 드러냄이 또 다른 상처나 오해로 귀결되지 않는 것은 오랜 인내와 수고와 사랑이라는 배경이 있기 때문이겠지?"

"간혹 그렇게 교회에 부담을 안겨주는 이들을 보면 화가 날 때도 있지만, 또 생각해보면 저마다 다른 상처를 가슴에 안고 살아가는 사람들이 한 공동체를 이루어 살아간다는 사실 자체가 모험이라는 생각이 들더라. 그분들이 갈등을 통해 자신의 상처와 약함을 드러내면 공동체는 그런 갈등을 봉합하려고 서두르기보다는 그 상처를 자기 것으로 품고 함께 치유해가야 하겠지. 그게 어쩌면 교회의 치유적 책임이 아닐까?"

"갈등은 다소 혼란스럽게 보이더라도 잠복하는 것보다는 표출되는 것이 더 나을 수도 있어. '소가 없으면 구유는 깨끗하려니와 소의 힘으로 얻는 것이 많다'(잠언 14:4)고 하잖아. 교인들은 그렇다쳐도 목회자들은 언제 그 영혼이 건강해지고 성숙해질까. 자기의 약함을 드러내거나 자기의 성격적 특색을 드러낼 기회도 별로 없으니 말이야. 그런 의미에서 목회자들이야말로 불쌍한 사람들이라는 생각이 들 때도 있어. 자꾸 질정을 받아야 나중에 허물을 면할 수 있는데, 그런 기회를 구조적으로 박탈당한 것 같아서 말이야."

반성적 성찰의 허실

"스스로 깨어 있기 위해 몸부림쳐야 하겠지."

"안톤 체홉의 소설 〈공포〉에 나오는 드미트리 페트로비치는 '내가 가장 무서워하는 것은 진부함' 이라고 말해. 그의 공포를 알 것도 같아.

> 내 행동들 중에서 무엇이 진실이고 무엇이 거짓인지 가려낼 능력이 없다는 사실은 나를 전율하게 만들어요. 생활환경과 교육이 나를 견고한 거짓의 울타리 안에 가두어놓았다는 걸 나는 압니다. 내 일생은 자신과 타인을 감쪽같이 속이기 위한 나날의 궁리 속에서 흘러갔다고 해도 과언이 아니지요. 나는 죽는 순간까지 이런 거짓에서 벗어날 수 없다는 생각 때문에 무섭습니다.

진실과 거짓 사이에서 자기를 지탱해주는 것, 즉 자기 동일성을 담보해주는 것이 무엇인지 알 수 없다는 이 고백은 매우 심오한 거야. 그걸 알기 위해서는 우리가 선택하는 생이나 주어진 생에 대해서 자꾸만 의문부호를 붙여보아야 하는데, 그게 힘겨우니까 우리는 적당한 선에서 반성적 성찰을 포기하고 익숙한 것에 입각해 살게 되지."

"나는 반성적 성찰이라는 게 무책임한 공론에 떨어지지 않으려면 의지의 변화와 반드시 결합되어야 한다고 생각을 하게 됐어. 다시 말하면 의지의 변화 없는 반성적 성찰이라는 것은 기껏 해야 자기만족이나 위안거리에 지나지 않는다는 거지. 어느 날, 그 날은 새벽기도가 없던 날인데 새벽 일찍 깨어나게 되었어. 다시 잠이 올 것 같진 않고 해서 잠시 망설였지. '텔레비전을 켤까, 신문을 볼까?' 그러다가 문득 내게는 그런 생각들을 거절할 수 있는 자유가 있다는 생각이 들었어. 하루의 첫 시간을 세속의 분잡으로 덧칠함으로써 명상적 고요를 망칠 필요는 없지 않은가 하는 데 생각이 미쳐서, 아주 가볍고 기쁜 마음으로 교회로 나가게 되었는데, 그 날 내 마음에 들려온 소리가 바로 의지의 변화가 없는 지성적인 깨달음이나 감성적인 뜨거움은 우리를 허위의식에 빠지게 만든다는 것이었어."

"흔들리지 않는 생의 토대는 결국 진실일 텐데, 우리가 진실한 걸까?"

그대는 한 송이 꽃

"진실하려고 애는 쓰고 있지 않나?"

전체의 뜻으로 수정된 마음

"가끔 나는 '내가 잎만 무성한 무화과나무가 아닌가' 생각할 때가 있어. 때로는 진실을 말한다는 것 자체가 사치스럽다는 생각도 들고. 이오덕 선생님과 권정생 선생님이 주고받은 편지를 모아 엮은 책 《살구꽃 봉오리를 보니 눈물이 납니다》라는 책에는 이런 말이 나와.

결국 인간은 최악의 고통에서만이 진실할 수 있다는 것입니다. 배고픈 사람이, 추운 사람이, 질병의 아픔으로 괴로워하는 사람이 결코 점잖을 수도 없고, 성스러울 수도 없고, 거룩할 수도, 인자할 수도, 위엄이나 용기도 가질 수 없다는 것입니다. 진정한 자유를 찾는 자는 제 목에 오랏줄이 감긴 그 사람뿐입니다. 그것을 깨닫는 사람은 심신의 고통을 지금 맛보고 있는 그 사람뿐입니다. 가장 절실한 인간의 목소리를 낼 수 있는 사람은 장군이나 성직자가 아닙니다. 지금 배고픈 사람, 지금 추위에 얼어 죽어가는 사람, 지금 병으로 괴로워 몸부림치고 있는 사람, 온갖 괴로움 속에 허덕이는 사람만이 진실을 말할 수 있습니다. 그렇게 수많은 밤을 사람들은 각양각색으로 새우고

있을 것입니다. 밤은 평안을 위해 있는 것이 아니라 인간의 수
치와 어리석음을 보여주는 고통의 시간이기도 한 것입니다.

절절한 아픔을 겪어본 이가 쏟아내는 이런 소리야말로 참
소리가 아닐까? 그렇게 보면 우리는 어쩌면 진실을 말하는
사람이기보다는 진실에 귀를 기울여야 하는 사람일 거야."

"권정생 선생의 글이지?"

"응."

"……"

"거기에 비하면 정치인이나 학자들의 말은 너무나 창백해
보여. 논리적이긴 하지만 진실의 향기는 맡을 수 없어. 며칠
전 텔레비전 토론 프로그램에 나왔던 서울대학교의 어느 교
수가 생각나네. 그는 정치권의 과거청산론에는 불순한 의도
가 함축되어 있다고 말했어. 그러면서 특정인을 법률에 의해
죄인으로 몰면 그 시대에 일제에 부역했던 수많은 사람들을
역사의 원죄로부터 면죄시키는 효과를 발생하기 때문에 정치
인들이 앞장서는 인위적인 과거청산은 해서는 안 된대. 그는
심지어 정신대가 조선총독부가 강제로 동원한 것이 아니라

한국인의 자발적인 참여로 이뤄진 상업적 공창이었다는 식으로 말해서 참석자들을 분노하게 했는데, 자기는 객관적 사실에 입각해서 말하고 있고 다른 이들은 그렇지 못하다고 빈정거리기까지 했어. 정신대 문제의 해결도 위안소를 이용했던 사람들의 자발적인 고백과 성찰이 우선되어야 한대. 그가 말끝마다 후렴처럼 사용한 어구가 '반성적 성찰'인데, 과연 그가 말하는 성찰이란 뭘까? 그가 말하는 '반성적 성찰'이라는 말에서 나는 지적인 오만함 이외에는 느낄 수가 없었어."

"그렇게 말하면 '반성적 성찰'을 하지 않아서 그렇다고 하겠다야."

"그럴지도 모르지. 내가 화나는 것은 다른 게 아니야. 그가 정신대 할머니들을 비롯해 일제시대를 거치면서 우리 부모 세대들이 겪은 아픔, 고통, 한을 '성찰'이라는 단어 속에 우격다짐으로 밀어 넣음으로써 고통을 타자화하고 추상화하고, 그로써 역사의 진실을 은폐하거나 왜곡하려 한다는 점이지."

"내가 의지의 변화를 이야기하는 게 그 때문이야. 혈기(血氣)에 든 병은 의사나 약을 찾아 고칠 수 있지만, 지기(志氣)에 든 병은 자각(自覺)하고 자수(自修)하여 내심(內心)으로 고칠 수 있대."

영성의 깊이란 무엇일까

"누가 한 말이야?"

"율곡 이이 선생이 생질인 홍석윤에게 한 이야기 중에 나와. 학자라고 다 그런 것은 아니지만 '안다' 하는 것이 병이지. 자기 논리의 폐쇄회로 속에 갇혀 다른 이들의 눈물을 보지 못한다면 그는 절반의 진실 밖에는 볼 수 없는 거겠지."

"맞아. 사실 우리는 혈기에 든 병은 심각하게 생각하면서도 지기에 든 병은 알아차리지 못할 때가 많지. 학자들만 그런가, 신앙인들도 심각하지. 그 중에서도 영적 지도자를 자처하는 사람들의 경우는 더 말할 것도 없고. 함석헌 선생님이 그러셨지. '꽃이 아무리 피어도 수정이 못 되면 열매를 못 맺듯이 전체의 뜻으로 수정이 못된 마음은 쓸레 마음이다. 젊음은 전체의 위대한 영으로 수정이 돼야 한다.' 나는 영성의 깊이란 결국 '전체와의 관련성을 깊이 자각하는 것'이라고 생각하는데, 이게 같은 말이 아닌가 싶어. 물론 이런 자각 속에는 의지의 변화가 전제되어야 하겠지만…."

"전체의 뜻으로 수정된 마음이라! 바로 그거구나. 땅에서 들려오는 신음소리를 기도로 들으시는 분이 계시고, 그런 하나님의 정념을 가슴으로 느끼는 사람이 참 사람이라면…. 그렇다면 진실은 책장에 갇힌 것이 아니라, 고통이 있는 곳, 또

그 고통의 문제를 해결하려고 팔을 걷어붙이고 나서는 사람
들에게만 깃드는 것인지도 모르겠어."

"결국 다시 출발선일세 그려. 이제 우리의 남은 시간은 인
식의 욕구를 채우려고 애쓰기보다는 어떻게든 앎을 삶으로
번역해내기 위해 땀 흘려야 하겠지?"

"일전에 삶의 중심이 하나이면 '충(忠)'의 삶을 살게 되치만,
중심이 여러 개이면 '환(患)'이 된다 하신 말씀이 생각나네요.
어쩌면 우리가 건강하게 살지 못하는 것은 마음이 여기저기
분산되어 있기 때문이 아닌지 모르겠어요.
그러다 보니까 마음은 조화와 균형을 잃고,
몸도 덩달아 균형을 잃고요."

"기원전 6세기의 그리스 의학자인 알크마이온은
인간의 몸이 단순한 물리학적 개체가 아니라 여러 가지 요소가
유기적으로 얽혀 있는 것이라고 하면서, 그 여러 요소들이
균형과 조화를 이루면 건강한 것이고, 그 구성 요소 가운데
하나가 다른 요소를 침범하여 균형이 깨지면 병이 된다고
설명했어. 알크마이온은 병을 '모나르키아'라고 했는데,
그건 '파탄' 혹은 '한쪽의 지배'라는 뜻이래."

슬픈 몸,
고마운 몸

몸의 말을 들으라

"오랜만이야. 얼굴 잊어버리겠네 이 사람아."

"죄송해요. 잠 못 이루는 토요일 밤 때문에…."

"뭐야? 그러게 주일을 거룩하게 지키려면 토요일을 잘 보내야 한다니까."

"건강은 좀 어떠세요? 얼굴빛은 좋아지신 것 같은 데요."

"그래? 좋아져야지. 안 그래도 여러 사람한테 미안한데."

"일 좀 줄이세요. 그동안 몸을 너무 학대하셨어요."

그대는 한 송이 꽃

"그랬나? 어쩌면 성실함에 대한 과도한 집착 때문이었는지도 몰라. 나는 일을 적당히, 얼렁뚱땅 하는 걸 싫어하니까. 지금 생각해보면 스스로 만든 내 이미지에 자승자박 당한 꼴이었던 것 같아. 성실한 건 좋은데 그게 고스란히 스트레스로 바뀐 게 문제지. 나는 스스로 그런 문제를 잘 풀어가고 있다고 생각했는데 몸은 그렇지 않았던 모양이야."

"전에 마음 따라 살지 말고, 몸 따라 살라고 하신 적이 있지요? 자칫 오해하기 쉬운 말이긴 하지만 생각할수록 그럴 듯한 말이에요."

"요즘은 몸이 하는 말을 듣지 않고 사는 게 타락한 실존이라는 생각이 들어."

"몸의 말을 듣는다는 게 어떤 거죠?"

"글쎄, 그걸 어떻게 설명해야 하나. 몸은 항상 소리 없이 말한대. 웬만하면 자기의 존재를 드러내지 않는데, 우리 삶이 균형을 잃을 때면 몸이 우리에게 기별을 해주는 거지. 몸이 편치 않고, 피로하고, 통증을 느낀다는 것은 지금까지의 삶의 방식을 돌아보라는 몸의 경고라는 거야."

슬픈 몸, 고마운 몸

"하지만 그런 경고를 경고로 알아듣기가 쉽지 않은 것 같아요. 사는 것도 힘들어 죽겠는데 몸의 투정을 다 들어주다가는 무슨 일을 할 수 있겠어요. 그래서 무시하는 경우가 많아요."

"그러다가 병을 키우는 거고."

"그렇죠. 병은 처음부터 드러나는 게 아니라면서요. 병의 씨앗을 뿌리는 단계, 그 씨앗에 물을 주는 단계, 그러다가 그것이 고착되는 단계, 그것이 병적인 징후로 나타나는 단계, 그 다음에 나타나는 열매가 병이래요."

"와, 굉장히 유식하네."

"그게 아니고요, 허준의 《동의보감》에 나오는 말이래요. 모든 병이 다 그렇다고 할 수는 없겠지만 많은 병이 마음이나 생활의 문제에서부터 비롯된다지요? 문제는 '이렇게 살면 안 되는데' 하면서도 실제로 병의 징후가 나타나기 전까지는 '별 일 없을 거야'라는 자기 암시에 매달린다는 거지요. 아는 것과 깨닫는 것은 별개의 문제인 것 같아요."

"베드로가 들은 닭울음소리와 비슷한 거겠지. 그래, 분명히 앎과 깨달음에는 차이가 있어. 앎이 곧 행동을 담보해주는 것은 아니니까. 깨달음이 필요하지. '깨닫다'는 말은 '깨다'와 '닫다'로 이루어진 거래. 믿거나 말거나. 바깥을 향하던 지각의 창을 닫고, 잘못된 자아가 어떤 형태로든 깨뜨려질 때야말로 깨달음의 순간이라고 할 수 있다는 거야. 깨달은 사람은 이전처럼 살 수 없겠지?"

"그렇게 잘 아시면서 몸을 왜 그렇게 방치하셨어요?"

"깨닫지 못해서지 뭐. 어느 의사 선생님이 나보고 이제부터는 '나는 바보다' 하고 살래. 마음을 좀 푼푼하게 쓰며 살라는 말이겠지. 한동안 그분 말씀이 내 귓가를 떠나지 않더라. 그동안 내가 살아온 모습에 대한 중간 심판처럼 들려서 말이야."

몸, 의미 전달의 매개체

"성경에도 몸에 대한 가르침이 있나요?"

"물론 있지. 사람들은 기독교가 영혼에 집중하느라 몸을 소홀히 여기는 것처럼 생각하지만 사실은 그렇지 않아. 히브리인들의 삶은 금욕적이라기보다는 매우 역동적이지. 구약성서를 읽다보면 경전에 담기기에는 적절치 않아 보이는 용어들이나 구절들이 많아."

"적절치 않다는 것은 전문용어(?)인데요."

"그렇지? 예언자들은 이스라엘 백성들이 하나님 이외의 다른 신에게 마음을 빼앗긴 것을 가리켜 '간음'이라고 표현하지."

"그만큼 신앙적 순결을 강조한 건가요?"

"그럴 거야. 아직 나라가 꼴을 갖추기 전이었으니, 신앙의 문제는 민족적 정체성의 문제와 곧장 연결되었을 테니까."

"그렇군요."

"또 구약의 언어는 추상적이거나 관념적이지 않아. 우리가 일상적으로 사용하는 삶의 언어가 고스란히 담겨있지. 때로는 이건 좀 너무 외설적이다 싶은 대목도 많아. 어느 교수님 말씀이 〈아가서〉를 히브리어 표현대로 번역해 놓으면 한국의 그리스도인들이 도저히 받아들일 수 없을 거래."

"그러시니까, 궁금해지네요."

"사람하곤. 그렇게 궁금하거든 아쉬운 대로 에스겔서 16장이나 23장을 봐. 히브리인 예언자들은 파리한 얼굴을 한 지식인들이 아니야. 붉은 피가 펄펄 끓는 야인들이지. 그들은 과도한 욕망에 대해서는 준엄하게 꾸짖었지만 인간이 가지고 있는 욕망은 부정하지 않았어."

"철학자 칼 야스퍼스는 그래서 신약보다는 구약에 더 끌린다고 했대요."

"그럴 수 있을 거야."

"그래도 바리새파 사람들이나 세례자 요한의 제자들은 매우 금욕적인 생활을 했잖아요."

"물론이지. 종교의 스펙트럼은 매우 다양하니까. 경건 생활을 위한 금욕 혹은 절제는 꼭 필요한 거 아닐까? 예수님은 세례자 요한을 매우 높이 평가하면서도 자신은 금욕을 위한 금욕보다는 사람들과 함께 나누는 잔치를 더욱 즐기시지 않았어?"

슬픈 몸, 고마운 몸

"저는 '먹고 마시기를 탐하는 자'라는 예수님의 별명이 참 마음에 들어요."

"'세리와 죄인의 친구'는 어떻고?"

"좋긴 좋은데, 제가 그 자리까지 가려면 아직도 내공이 더 필요한 것 같아요."

"먹고 마시기를 탐하는 건 자신 있고?"

"그럼요."

"그 먹고 마시는 자리에서 생명의 기적이 일어나고, 사람들 사이에 화해가 일어나고, 낙심했던 이들이 살맛을 회복한다면 그것도 좋겠지."

"……"

"예수님은 참 다정다감하신 분 같아. 많은 병자들을 고쳐 주실 때, 기도만 하시지 않으시거든. 고통당하는 사람들과 어떻게든 접촉을 시도하시지. 열병 걸린 베드로의 장모의 손을 잡아 일으킨다든지, 나병환자의 몸에 손을 댄다든지, 앞

못 보는 이의 눈에 손을 대고, 말이 어눌한 사람의 혀에 손을 댄다든지… 이게 보통 일이 아니거든. 나도 가끔 병원에서 경험하는 바이지만 어떤 때는 환자의 몸에 손을 대는 것이 께름칙할 때도 있어. 그러니까 환자들을 어루만지는 예수님의 손길이야말로 말없는 기도라 할 수 있을 거야."

"우리 배를 쓸어내리시며 '엄마 손은 약손' 하시던 어머니의 손길과 같은 거겠지요."

"맞아. 만짐 혹은 접촉이야말로 친밀함의 모태가 아닌가 싶어. 접촉은 '손으로 빚어내는 개념'(manual concept)이래. 손으로 상징되는 몸은 사람과 사람 사이의 의사소통을 가능하게 해주는 의미 전달의 매개체인 거지."

"말보다는 몸짓이 더 큰 의미를 전달할 때도 많은 것 같아요."

"미켈란젤로의 그림 〈천지창조〉 알지? 하나님의 손끝이 아담의 손끝에 닿을락말락하잖아? 사람들은 그 미세한 지향 혹은 접촉에서 창조행위를 보아내지. 손가락 하나를 통해 천지창조의 그 오묘한 순간을 남김없이 담아내는 화가의 솜씨가 정말 일품이라고 말할 수밖에 없어. 마음이란 몸속에 깃

슬픈 몸, 고마운 몸

든 마음이니까."

타자화된 몸

"성경에도 그 비슷한 이야기가 나오지 않나요?"

"고린도전서 6장 19절과 20절에 나오는 구절? '너희 몸은 너희가 하나님께로부터 받은바 너희 가운데 계신 성령의 전인 줄을 알지 못하느냐 너희는 너희의 것이 아니라 값으로 산 것이 되었으니 그런즉 너희 몸으로 하나님께 영광을 돌리라.'"

"공감은 가지만 좀 부담스럽네요."

"그래도 나는 이 구절을 우리가 명심할 필요가 있다고 생각해. 물론 이 구절은 음행을 삼가라는 교훈을 주기 위해 기록된 것이기는 하지만, 우리 삶의 모든 측면에 적용될 수 있다고 생각해. 우리 몸이 하나님의 영이 머무는 곳으로 의식하고 산다면, 아무 음식이나 함부로 먹어도 안 되고, 과식을 해도 안 되겠지. 몸의 균형을 잃어버리게 하는 삶의 방식, 즉 과로나 과욕도 피해야 할 거고."

"뭐든 과한 것이 문제군요."

"옛말에도 있지 않은가. '멈출 줄 알면 위태롭지 않고, 족한 줄 알면 욕을 당하지 않는다.' 하지만 그게 참 어렵지."

"일전에 삶의 중심이 하나이면 '충(忠)'의 삶을 살게 되지만, 중심이 여러 개이면 '환(患)'이 된다 하신 말씀이 생각나네요. 어쩌면 우리가 건강하게 살지 못하는 것은 마음이 여기저기 분산되어 있기 때문이 아닌지 모르겠어요. 그러다 보니까 마음은 조화와 균형을 잃고, 몸도 덩달아 균형을 잃고요."

"기원전 6세기의 그리스 의학자인 알크마이온은 인간의 몸이 단순한 물리학적 개체가 아니라 여러 가지 요소가 유기적으로 얽혀 있는 것이라고 하면서, 그 여러 요소들이 균형과 조화를 이루면 건강한 것이고, 그 구성 요소 가운데 하나가 다른 요소를 침범하여 균형이 깨지면 병이 된다고 설명했어. 알크마이온은 병을 '모나르키아'라고 했는데, 그건 '파탄' 혹은 '한쪽의 지배'라는 뜻이래."

"세상의 모든 일을 음양과 오행의 원리로 설명하는 동양철학의 원리와도 비슷하네요."

"그렇지? 그러니까 중요한 것은 몸과 마음이 함께 건강해져야 한다는 점인데, 현대인들은 어떤 의미에서는 몸적 사고에 지나칠 정도로 길들여진 것이 아닌가 하는 생각이 들어. 요즘 유행하고 있는 웰빙이라는 것도 따지고 보면 포장만 바꾼 소비주의가 아닌가?"

"명상이나 영성에 대한 관심은 어떤가요?"

"그것조차 자본주의 시장의 유통 경로를 통해 상품화된 것 같아. 물론 거기에 관심을 갖고 있는 이들이 그것을 통해 몸과 마음의 관계적 합리성을 회복하는 계기로 삼는다면 좋겠지. 그러기 위해서는 자본주의적 구조로부터 먼저 해방되어야 할 거야."

"정말 우리 시대는 몸이 상품이 되어 버린 듯한 감이 들어요. 우리나라에 불고 있는 성형과 다이어트 열풍은 정말 병적이에요. 물론 이런 열풍의 배후에는 서구인들의 체형과 외모를 따라가도록 부추기는 매스컴이 있지요. 하지만 이건 프란츠 파농이 말한 것처럼 검은 피부에 하얀 가면을 쓰려는 것이 아닐까요? 아름다운 몸을 갖고 싶은 욕망 자체를 부정할 생각은 없지만, 그 욕망이 자기 생의 다른 가능성들을 억압하고 타자화한다면 그건 정말 무서운 일이지요. 언제쯤이

나 우리는 타자에 대한 열등감 없이 자신의 삶을 있는 그대로 긍정할 수 있을까요?"

"언제라고 말할 수는 없지만 나는 요즘 중요한 단서를 발견한 느낌이야. 언젠가 여성민우회에서 '세계 다이어트 반대의 날' 행사를 하면서 '내 몸의 주인은 나. 노 다이어트, 노 성형' 캠페인을 했다지? 난 이런 소수의 깨어남이 결국은 세상을 바꾸는 힘이라고 생각해. 한때 '안티 미스 코리아 페스티벌'이 열렸잖아. 중요한 것은 '선발대회'가 아니라 '페스티벌'이라는 거야. 어떤 기준을 정해놓고 거기에 적합한 이들을 찾아내는 것이 아니라, 다양한 삶의 모습들을 드러내고 또 그것을 함께 긍정해가면서 삶을 축제화 하는 것이지. 간디도 마을 공동체 운동이 세상을 바꿀 거라고 말했는데, 변혁은 항상 작은 데서 시작되는 게 아닐까? 그러니 너무 조급하게 생각할 것 없고, 정신이 잠들지 않도록 주의해야겠지."

당신의 손을 사랑하십시오

"저는 요즘 몸은 정말 슬픈 거구나 하는 생각이 들었어요."

"왜?"

"학대받는 시리아나 이라크 포로들의 벌거벗은 몸을 보면서 저는 몸을 가진 자가 경험할 수도 있는 어둠의 깊이를 본 것 같아요. 일제시대에 우리 민중들이 겪은 아픔과 독재정권 시절에 민주화를 위해 싸우던 이들이 겪었다는 고통, 특히 영화 〈1987〉에서 고문당하는 박종철의 모습을 보면 너무 끔찍해요. 그리고 아우슈비츠를 비롯한 수용소에서 나치에 의해 학대받고 죽어간 유대인과 집시들의 고통도 가슴이 아프기는 했지만, 그것은 다분히 추상적이었던 것 같아요. 하지만 지금은 아니에요. 피라미드처럼 겹겹이 쌓인 그 벌거숭이 몸이 남이 아닌 바로 나일 수도 있다는 생각이 들었어요. 벌거벗기운 채 인간적 모멸감과 공포의 극한에 몰리면서도 어떠한 저항조차 할 수 없다는 것, 스스로를 존엄성을 가진 인간으로 긍정할 수 없다는 것, 그보다 잔인한 일은 없을 거예요. 게다가 그런 그들 곁에서 웃고 있는 같은 또래의 젊은 이들, 이 부조화와 모순을 어떻게 설명할 수 있을까요? 칼을 손에 쥔 사람은 허공이라도 베어보고 싶어하잖아요."

"요한계시록에 보면 무저갱이 열리면서 사탄이 옥에서 놓여나는 장면이 있는데, 내 마음에는 자꾸만 그런 광경이 떠올라. 사탄은 우리의 외부에서 오는 것이 아닌지도 몰라. 몸을 지니고 살아가는 유한한 존재인 인간 속에는 이미 천사도 있고 악마도 있다고 하잖아. 어느 쪽 열쇠를 쥐고 사느냐가

그대는 한 송이 꽃

중요한데, 전쟁이라는 상황은 아무래도 악마를 풀어놓을 가능성이 많다고 봐야 할 거야. 토니 모리슨의 소설 《연인》에 나오는 한 대목이 기억나는군.

> 오! 나의 사람들이여 그들은 당신들의 손을 사랑하지 않습니다. 그들은 묶고, 구속하고, 자를 때만 손을 사용할 뿐이어서 빈손으로 끝납니다. 당신의 손을 사랑하십시오! 사랑하세요. 두 손을 높이 들고 두 손에 키스하세요. 그 손으로 다른 사람을 만지시고, 양손으로 서로 두드리고, 얼굴을 쓰다듬으세요. 왜냐하면 그들은 이러한 일을 사랑하지 않기 때문입니다. 당신은 이것을 사랑해야만 합니다.

쓰다듬고 어루만지라고 주신 손으로 묶고 구속하고 자르고 학대하는 것, 이것이야말로 타락한 실존의 흉한 모습이 아닐까?"

몸의 윤리

"몸에 가해지는 억압과 통제를 통해 어떤 대상들을 일시적으로 굴복시킬 수는 있겠지만, 그것은 결국 분노를 영속화시키는 일이 아니겠어요?"

"그렇겠지. 나는 우리가 회복해야 할 '몸의 윤리'가 있다는 생각을 해보았어. 그 윤리는 '어루만짐'과 '보살핌'이야. 우리의 손이 어떤 대상을 어루만지고 보살필 때, 우리 마음도 제자리를 찾게 될 거야. 그렇게 되면 '슬픈 몸'이 '고마운 몸'이 되겠지. 니코스 카잔차키스는 '나는 살덩이와 뼈와 피와 땀, 그리고 눈물과 욕망과 꿈으로 가득 찬 자루'라고 말했지만, 그 자루를 잘 간수하지 못할 때 그 모든 것들이 땅에 쏟아질 수밖에 없지. 몸은 소중한 거야."

"육체에 탐닉할 것도 없지만, 받은 몸을 건강하게 돌보고 지키는 것이야말로 우리 마음을 잘 지키는 길이기도 하겠네요."

"물론이지. 몸을 사용하여 마음을 이끈다지 않던가. '그늘 진 얼굴, 긴장된 근육, 구부정한 자세 속에 불행과 부정적인 것들이 보관되어 있을 수도 있다'더군. 그러니까 늘 얼굴에 미소를 띠고, 몸의 긴장을 풀고, 자세를 바로 하면 마음이 가벼워지고 맑아지겠지? 틱낫한 스님의 미소 명상이라는 것도 결국은 이런 원리에 따른 걸 거야."

"세상에서 제일 힘든 게 몸에서 힘 빼는 거 같아요."

"워낙 긴장을 내면화하고 살아왔으니까. 자기 몸과 남의 몸을 공경하고 보살피려고 애쓰다보면 언젠가는 저절로 부드러워지지 않을까?"

슬픈 몸, 고마운 몸

"어쩌면 마하트마 간디가 아무리 일정이 바쁘더라도
경전을 읽고, 기도를 드리고, 물레 잣는 일을 쉬지 않았던 것은
자기가 누구인지를 한 순간도 잊지 않기 위해서였겠다는
생각이 드네요. 가장 분주한 시간에도 한적한 곳을 찾아가
하나님 앞에 엎드렸던 예수님의 경우와 같은 거겠지요?"

"그렇지. 결국 구도자로서의 정체성을 잃지 말아야 한다는 말로 요약할 수 있지 않을까 싶네. 나는 특권의식에 길들여진 사고를 치유하기 위한 묘약은 어쩌면 '섬김'이 아닐까 싶어. 예수님의 좌우명이 섬김이었잖아. '나는 섬기는 자로 너희 가운데 있다.' 우리가 조금이라도 겸손해지려면 많은 모욕을 받아야 한다는 데, 마찬가지로 우리가 다소라도 특권을 내려놓은 사람으로 살아가려면 몸으로 섬기는 일을 하지 않으면 안 될 것 같아."

우정을
이용하지 말라

인맥 만들기 문화

"직장이 다른 곳으로 이전했다면서?"

"예, 차 타고 한 30분쯤 가야 하지만 오히려 좋아요. 차를 타고 다니면서 생각할 수 있는 시간도 있고, 주변에 맛있는 음식 먹을 곳도 있고, 직장 옥상에 소박하지만 정원도 있고 해서, 짬짬이 쉴 수도 있고요. 꽃을 보는 것만으로도 마음이 편안해져요."

"생명이 갖는 친화력 때문일 거야. 목적 지향적인 일직선의 시간 속에서 사는 사람들일수록 자주 자연과 교감하는 시간을 가져야 할거야. 우리의 일상을 구성하고 있는 시간은 사실은 순환하는 시간이거든. 노아의 홍수 이후에 하나님은 '땅이 있을 동안에는 심음과 거둠과 추위와 더위와 여름과 겨울과 낮과 밤이 쉬지 아니하리라' 약속하셨어. 사람은 이 순환 속에 있을 때 가장 편안하지."

"그 순환하는 시간의 리듬을 타고 사는 사람이 '철든 사람' 이라면서요?"

"그런데 나는 오염된 '철든 사람'이 된 것 같아."

"그게 무슨 말씀이세요?"

"내 사무실에 하루만 앉아 있으면 알 수 있어. 옆에 있는 공장에서 들려오는 소음, 속을 울렁거리게 만드는 냄새, 바람을 타고 날아오는 철가루… 그런 게 호흡을 통해 내 몸 속에 축적된다고 생각하면 영 기분이 찜찜해."

"그러니까 중금속에 오염된, 그리고 쇠가루가 몸에 쌓인 사람이라는 말이지요? 정말 우울하네요. 해결 방법이 없나요? 주택가에 그런 공장이 있으면 안 되잖아요?"

"그렇긴 하지. 하지만 벌써 공장이 세워진지 여러 해가 되어서 나가라고 하기도 어렵고. 좀 고약한 이웃을 만난 셈이지."

"그래도 공해 배출 업소인데…."

"구청 환경과에서 나와서 시정 명령을 하기도 하는 모양인데, 그때 뿐이야."

"불편함을 참는 것만이 덕스러운 행동은 아니잖아요? 서운할 땐 서운하더라도 행정적인 조치를 요구해야 하는 것 아닌가요? 그게 궁극적으로는 상생의 길일 텐데요."

"어떤 때는 힘있는 사람이 '전화 한 통'을 넣어주면 어떨까 하는 생각이 들 때도 있어. 하지만 금방 그런 유혹을 떨쳐버리지. 더디더라도 공적인 시스템과 절차를 통해서 변화를 이루어야지, 바쁘다고 해서 미시적 동원 맥락(micro-mobilization context)을 이용해서 원하는 것을 손쉽게 손에 넣다보면 그게 습관이 되어서 헤어 나오기 어렵게 될 거야. 열심히 노력하기보다는 인맥 만들기에 시간과 정신을 쏟다보면 출세할 수는 있을지 몰라도 정신은 황폐해지는 것 아닐까?"

"살다보면 그런 유혹을 떨쳐버리기 어려울 때가 많아요. 교수 임용 청탁 사건을 둘러싼 사회적 논의도 똑같은 맥락이잖아요. 사실 우리가 주목해야 하는 것은 인사의 관행이 아닌가 싶어요. 학교에서 열심히 연구하고 실력을 갖춘 사람보다는 윗사람들과의 교제가 좋은 사람들이 공부도 빨리 마치고, 일자리를 빨리 찾게 되는 게 현실이잖아요. 그 때문에 공정한 경쟁에서 배제된 사람들의 마음에는 원망과 의심이 자라게 되고, 냉소와 환멸에 사로잡히게 되는 거죠. 또 그 폐해는 고스란히 아랫사람들에게 전가되고요. 실력 없는 교수들에게 배우는 학생들, 무능력한 상사 밑에서 일하는 사람들이나 다 피해자들이에요."

"참 씁쓸한 현실이야. 물론 인간관계가 중요한 요소라는 건 두말할 필요도 없는 일이야. 공동생활에 있어서는 다른 이들과 협동할 수 있는 능력은 매우 필요하니까 말이야. 하지만 그것이 하나의 필요조건이 아니라 필요충분조건으로 작용한다면 그건 곤란하지. 실력보다는 고분고분한 사람을 찾는 조직이라고 한다면, 그 조직은 사람들의 창의성이나 개성을 죽이는 닫힌 조직이라고 보아야 할거야. 우리 사회에서는 누가 좀 튄다 싶으면 그는 가혹한 눈길을 받거나 제재를 받게 되잖아. 그런 일이 반복되면 그의 개성은 귀퉁이가 다 닳아빠진 상처럼 남루해져서 파릇파릇한 본래의 매력은 간데없고, 조직에 순응할 줄 아는 평범한 사람만 남는 거지."

"조금 튀는 사람에게는 조직의 쓴맛을 보여주는 거지요."

무지개빛 까마귀

"그런 셈이지. 나는 신앙적 원칙을 지키기 위해서 상급자의 부탁을 거절한 적이 몇 번 있는데, 얼마나 시달렸는지 몰라. 마치 '무지개빛 까마귀'가 된 느낌이었다니까."

"그게 뭐지요?"

"아, 저지 코진스키의 소설 제목인데, 숲에 사는 한 남자가 심심했던지 까마귀 한 마리를 잡아서 알록달록한 색을 칠하지. 그리고는 새의 날갯죽지를 비틀어. 새가 고통스럽게 울부짖으면 동료 새들이 무슨 일인가 싶어 날아오는 거야. 그때 사내는 무지개빛 까마귀를 공중으로 날려보내지. 억센 손아귀에서 풀려난 새는 죽어라 하고 동료들을 향해 날아오르는데, 까마귀들은 그 낯선 빛깔의 새를 용납할 수 없는 거야. 그래서 쪼아대지. 이것은 그 소설에 나오는 일화에 지나지 않지만, 작가는 그 까마귀 이야기를 통해서 생각이 다르고 모습이 다른 이에게 가하는 동료 인간들의 불합리한 폭력과 모욕을 드러내고 싶었던 걸 거야."

"합리(合理)가 아니라 정리(情理)가 지배하는 사회에서 합리를 말하고, 연줄이 작동하는 집단에 속해 있으면서 그 기제를 부정하는 사람들은 어쩌면 다 '무지개빛 까마귀' 신세인지도 모르겠네요. 저도 몇 번 쪼여본 적이 있어서 그 아픔을 조금은 알아요."

"시인 김승희의 〈제도〉라는 시 들어본 적 있지?"

"글쎄요, 어떤 시지요?"

"'아이는 하루종일 색칠공부 책을 칠한다./나비도 있고 꽃도 있고 구름도 있고 강물도 있다./아이는 금 밖으로 자신의 색칠이 나갈까 봐 두려워한다.' 이렇게 시작되는 시인데, 시의 화자인 엄마는 '누가 그 두려움을 가르쳤을까?/금 밖으로 나가선 안 된다는 것을 그는 어떻게 알았을까?' 자문해보면서 '나비도 꽃도 구름도 강물도/모두 색칠하는 선에 갇혀 있다'는 사실에 울적해지지. 아이는 연신 엄마에게 '크레파스가 금 밖으로 나가면 안 되지?' 묻고. 그런데 이 시의 묘미는 이 대목에 있어.

> 내가 엄마만 아니라면
> 나, 이렇게, 말해 버리겠어.
> 금을 뭉개버려라. 랄라. 선 밖으로 북북 칠해라.
> 나비도 강물도 구름도 꽃도 모두 폭발하는 것이다.

살아 있는 것이다. 랄라.

선 밖으로 꿈틀꿈틀 뭉게뭉게 꽃피어나는 것이다

위반하는 것이다. 범하는 것이다. 랄라

엄마는 어쩌면 이미 한계에 갇힌 제도인지도 몰라. '엄마만 아니라면/나, 이렇게, 말해 버리겠어'라는 건, 실제로는 그렇게 할 수 없다는 거거든. 그래서 시인은 자신이 아이를 어떤 틀 속에 가두는 '제도'라고 '총독부'라고 자탄하지. 그리고 이어지는 말 한마디는 비명이나 마찬가지야. '엄마를 죽여라! 랄라.'"

"가슴이 찡해 오네요. 사실 저도 세상에 잘 순응하지 못하는 '삐딱이'여서 다른 이들과 어울려 사는 게 쉽지는 않거든요."

"그럴 거야. 조직생활을 하기에는 다소 감성적이고, 우리 시대의 속도를 따라 살기에는 생각이 많고. 인맥을 형성하는 것은 체질적으로 맞질 않고."

"그렇다고 너무 염려하지 마세요. 그래도 나름대로 잘 적응해가며 살고 있어요."

"다행이라고 해야 할 지, 안 됐다고 해야 할 지 모르겠네. 한때 '끈끈한 정'이라는 말이 유행했잖아. 좋은 말 같지만 좀 문제가 있는 말이야. 합리에 바탕을 둔 끈끈한 정이라면 좋겠지. 하지만 그게 합리를 무력화시키기 위해 작동될 때가 많다는 게 문제지."

"함석헌 선생님 말씀이 생각나네요. '피는 물보다 걸다지만 건[濃] 것이 좋은 것 아닙니다. 맑아야지. 제발 핏줄 소리 하지 마셔요.' 촌철살인이라고 하나요? 이 말씀은 짧지만 정말 정곡을 찌르는 말씀 같아요."

"정말 그러네."

"그런데 우리나라 사람들은 왜 그렇게 연줄에 집착하는 걸까요?"

"글쎄, 나라가 국민을 보호해주지 못하니까 자기 나름의 자구책을 강구한 결과가 아닐까? 그러니까 혈연·지연·학연 등을 통해 유사-가족적인 유대감을 형성하고 그 속에 머물 때라야 비로소 안심하는 거지."

"그렇다면 인맥 만들기의 뿌리는 공적 기능을 수행하지 못

우정을 이용하지 말라

하는 국가에 대한 불신이라고 봐도 틀린 말은 아니겠네요."

"그 말을 뒤집으면 국가가 공적인 기능을 올바로 수행한다면 사적 관계에 바탕을 둔 정리의 문화는 어느 정도 극복될 수 있다는 말이 되나? 그런 의미에서 나는 지금 국가 인권위원회의 활동이 상당히 중요한 의미를 갖는다고 생각해. 그동안 피해자들의 가슴에 깊이 묻어둘 수밖에 없었던 한 맺힌 이야기들이 역사의 조명을 받으면서 실체가 밝혀지고 있으니 말이야."

특권을 내려 놓으라

"한 사회를 제도적으로 개혁해나가는 것도 물론 중요하지만, 더 중요한 것은 삶에 대한 태도를 바꾸는 것 아닐까요?"

"그렇지, 언제나 문제는 인간 문제로 귀결되는 거니까."

"그럼 어떻게 해야 할까요?"

"그게 문제지. 이런 문제를 다루는 어떤 토론회를 보아도 열띤 토론 끝에 내놓는 전문가들의 결론이라는 게 기껏해야

'의식개혁'을 해야 한다는 원론적인 이야기뿐이잖아. 그러면 어떻게 할까요, 하고 물으면 답답한 거야. 어느 사회학자는 세상을 움직이는 가장 강력한 요소로 정부와 기업과 NGO를 들더군. 한 문화의 뼈대라고 할 수 있는 종교 혹은 교회가 포함되지 않은 것이 유감이기는 하지만 그게 현실이니까… 하지만 세상을 바꾸는 힘은 결국 종교로부터 나와야 하는 것이 아닐까?"

"그 말씀도 원론적으론 맞지요. 하지만 어떻게요? 지금의 교회는 그럴 능력이 없다고 생각해요. 정신이 온통 교세 확장에 맞춰져 있는 지금의 교회는 의식개혁의 주체가 아니라 그 대상이 아닐까요?"

"참 뼈아픈 이야기네. 하지만 희망이 없는 것은 아닐 거야. 당신을 따르려는 이들에게 예수님이 제일 먼저 요구한 게 뭐였어? '자기 부정'이잖아. 먼저 깨어난 사람이 자기가 누리던 특권을 내려놓는 일부터 시작해야겠지. 내 눈에는 잘 보이지 않아도 나도 목사로서 누리고 있는 특권이 꽤 많을 거야. 지금부터라도 그것을 자발적으로 내려놓는 연습을 시작해야지. 사도 바울은 데살로니가인들에게 보낸 편지에서 자신이 전하는 말씀이 훼방을 받지 않도록 하기 위해서 교인들의 신세를 지지 않고 밤낮으로 일하면서 복음을 전했다고 말

73
우정을 이용하지 말라

해. 그 말씀을 볼 때마다 나도 손 노동을 해야 하는 것 아닌가 하는 생각이 들 때도 있어."

"바울도 그리스도인들에게 특권이 있다고 말하지 않았나요? '고난 당하는 특권' 말이에요."

"그렇지. 우리에게 주어진 특권은 그것뿐이라고 생각해야 우리 삶이 맑아질 거야."

"조금 불편하고 고통스럽기도 하고요."

"고통 없이 얻어지는 것이 있나?"

"그렇지요? 고난당하는 특권을 포기하는 것은 일도 아닌데, 누가 가르치지 않아도 잘만 하는데, 달콤한 특권을 내려놓는다는 것은 여간 어려운 일이 아닌 것 같아요. 내공이 좀 쌓여야 가능할 것 같아요. 사람은 생각하는 대로 사는 것이 아니라, 사는 대로 생각한다면서요?"

"맞아. 그러니까 특권을 내려놓는다는 것은 기꺼이 불편을 감수하겠다는 결의이지. 입원실이 없다고 하여 누군가 힘있는 사람에게 부탁하고 싶은 욕망을 내려놓고, 자기 신분이나 잘 아는 이와의 우정을 이용해 어떤 일을 신속하게 처리하고 싶은 욕구와도 싸워야 해."

"뙤약볕 아래 길게 줄을 선 사람들을 제치고 옆문으로 당당하게 걸어 들어가는 뻔뻔함도 버려야지요."

"그렇지. 그러기 위해서는 우리 사회 밑바닥에서 살아가는 이들, 전화 한 통 넣어줄 가까운 사람 하나 없는 사람들의 시선으로 우리 행동을 돌아보아야 할 거야. '가난한 자들의 인식론적 특권'이라는 말이 있는데, 세상을 실체 그대로 볼 수 있는 자리가 바로 가난한 이들의 현실이라는 것이지. 미국의 눈이 아니라 지금 전쟁의 공포 속에 살고 있는 시리아, 이라크 사람들의 눈으로 보는 세상이 있는 그대로의 세상이 아니겠어?"

"각자 자기들이 선 자리에서만 현실을 보니까 문제가 생기는 것이군요."

섬김이라는 묘약

"문제는 자기가 누리는 것이 특권이라는 생각을 아예 못할

수도 있다는 거야. 경북대학교 법학과의 김두식 교수가 쓴
《헌법의 풍경》이라는 책에 보면, 사법고시에 합격하여 법조
계에 나온 사람들이 가난하고 소외된 이웃들을 위해 살겠다
던 애초의 꿈을 그렇게도 쉽게 포기하는 까닭을 말하는 대목
이 있는데 아주 공감이 가더라구.

그들이 사법시험이라는 장벽을 넘어 들어간 곳에서는 '새로운
세계'가 그들을 기다리고 있었기 때문입니다. 그 새로운 세계
는 결코 그들에게 특권을 향유하라고 강요하지 않았습니다. 특
권과 특권의식은 가랑비처럼 소리 없이 그들의 삶 속에 젖어들
었습니다.

이게 무서운 거지. 가랑비처럼 젖어드는 거 말이야."

"어쩌면 마하트마 간디가 아무리 일정이 바쁘더라도 경전
을 읽고, 기도를 드리고, 물레 잣는 일을 쉬지 않았던 것은
자기가 누구인지를 한 순간도 잊지 않기 위해서였겠다는 생
각이 드네요. 가장 분주한 시간에도 한적한 곳을 찾아가 하
나님 앞에 엎드렸던 예수님의 경우와 같은 거겠지요?"

"그렇지. 결국 구도자로서의 정체성을 잃지 말아야 한다는
말로 요약할 수 있지 않을까 싶네. 나는 특권의식에 길들여

진 사고를 치유하기 위한 묘약은 어쩌면 '섬김'이 아닐까 싶
어. 예수님의 좌우명이 섬김이었잖아. '나는 섬기는 자로 너
희 가운데 있다.' 우리가 조금이라도 겸손해지려면 많은 모욕
을 받아야 한다는데, 마찬가지로 우리가 다소라도 특권을 내
려놓은 사람으로 살아가려면 몸으로 섬기는 일을 하지 않으
면 안 될 것 같아."

"사실 몸이 앞서지 않으면 마음의 변화는 어렵지요. 그런
데 저는 스스로를 치열하게 돌아보고 자기를 닦아나가는 과
정도 중요하지만, 우리 사회의 관행화된 특권에 대해서 지적
하고 시정을 요구하는 일도 또한 중요하다고 생각해요. 물론
그것은 귀찮은 일이고, 때로는 대단한 용기를 요구하는 일이
지만요."

"저는 태어나기 전부터 교회 안에서 생활해 왔으면서도,
때로는 정체성의 접이지대에 있다는 생각이 들 때가 많았어요.
다른 문화나 종교에 대해서 배타적인 기독교인들을 볼 때마다
나 스스로가 모욕을 받은 것 같은 느낌이 들고,
오히려 다른 종교에 매력을 느낄 때가 많아요."

"사람에게는 대안동경이라는 게 있대.
이곳보다는 강 건너 저편이 더 아름다워 보이잖아.
도회지의 삶이 힘겨우면 사람들은 가끔
'에이, 농사나 지으며 살까?' 하지만,
농촌 생활을 해본 사람들은 절대로 그런 말을 할 수 없지.
다른 종교에도 역시 우리가 안고 있는 것과 같은
동일한 문제가 있을 거야."

경계를

넘어

틀과 역동성 사이의 긴장

"무슨 영화 보고 왔니?"

"나이트 샤말란 감독의 〈빌리지〉(village)요."

"어떤 내용인데?"

"공포 영화 줄 알았더니 아니더라구요. 시간적 배경이나 공간적 배경조차 알 수 없는 어느 외떨어진 마을에서 벌어지는 이야기였어요. 그 마을의 한계는 숲이었는데, 그 숲에는 괴물이 살고 있어서 누구든지 그 안에 들어가면 살아 돌아올 수 없다는 두려움이 마을 사람들을 지배해요."

"결국 영화는 그 두려움을 깨고 누군가가 위험을 무릅쓰고

그대는 한 송이 꽃

마을 밖으로 나가는 이야기 구조겠네."

"맞아요. 그런데 그 인물이 이 영화에서는 영웅적인 인물이 아니라 앞을 보지 못하는 아가씨라는 게 다르다면 다른 거죠."

"아가씨는 '순수함'을 표상하는 존재이니까 또 다른 의미의 영웅일 수도 있지. 게다가 앞을 보지 못한다니까 보는 행위에서 비롯되는 공포로부터 어느 정도는 자유롭겠고. 그런데 그 아가씨가 마을을 벗어나는 까닭은 뭐야?"

"약혼자가 피습을 당해 죽을 지경에 이르자, 약을 구하러 숲을 통해 외부 세계로 나가게 돼요."

"결국 '사랑'이구나. 사랑은 일쑤 어떤 한계를 벗어나도록 하는 힘이니까."

"나중에 밝혀지는 것이지만 숲 바깥의 세상은 지금 우리가 살고 있는 현대예요. 마을의 원로들은 그 세상에 살면서 씻을 수 없는 상처를 입은 사람들이고요. 그래서 그들은 외딴 곳에 마을을 세우고 괴물이 사는 숲 이야기를 만들어 마을 공동체를 세상의 오염으로부터 지키려 했던 거지요."

"영화에서 마을의 원로들이 부정적으로 그려지니? 아니면 마을의 평화를 지키려는 노력을 그런 대로 긍정적으로 그리니?"

"쉽게 판단할 순 없지만, 그렇게 부정적으로 그리는 것 같지는 않았어요."

"그렇구나. 선과 악의 단순 구도로 끌고 가지 않는다는 말이지? 그 영화를 보면서 뭔가 비슷한 유형의 이야기가 생각나지 않았니?"

"플라톤의 '동굴의 비유'를 말씀하시는 거예요?"

"제법이네."

"엉터리이긴 해도 나도 철학과 학생이에요."

"그래, 누가 뭐랬니? 어쨌든 마을 사람들은 저마다 벽을 향한 채 그림자를 실상으로 알고 살아가는 수인들과 다를 바가 없는 것 같구나. 원로들의 의도와는 관계없이 말이다."

"두려움에 얽매여 행동의 자유를 제약받는 곳에 진정한 평화가 있을까 싶어요. 그 영화를 보면서 어쩌면 우리도 넘지 못할 어떤 울타리 속에 갇혀 있는 것은 아닌가 하는 생각이 들었어요. 이를테면 기성세대가 만들어놓은 가치관이나 제도 따위 말이지요."

"생명이란 어쩌면 틀을 지어내려는 구심력과 그 틀을 부정하려는 원심력 사이의 균형에서 성립되는 것이 아닐까? 틀을 깨려는 역동성을 악으로 규정하는 것도 문제지만, 틀 그 자체를 악으로 보고 적대하는 태도도 역시 문제야. 모든 이원론적 선택에는 억압이 내포되어 있게 마련이거든."

홀로 족한 자, 공감하는 자

"문제는 그 균형을 찾기가 쉽지 않다는 것이지요. 자칫하면 타성에 짓눌릴 수 있으니까요."

"그래, 타성은 시간의 흐름을 부정하는 것이고, 공간 속에 고착하려는 욕망이지. 말이 좀 어렵게 됐나? 어쨌든 젊음의 특색은 '부정정신'이 아닐까 싶어. 불온하지 않은 젊음은 보기에도 딱해 보여. 어느 곳에서나 반듯한 모범생들을 보면 숨이 막히거든."

"그래도 어른들은 그런 이들을 좋아하잖아요?"

"대체로 그렇다고 봐야지. 그런 이들은 다루기 쉽거든. 하지만 어른들의 마음에는 이중감정이 있는 것 같아. 다 그렇다고 할 수는 없겠지만 말이야. 뭔가 기존질서에 문제를 제기하는 이들을 보면 한편에서는 마음이 불편해지면서도 다른 한편에서는 흐뭇한 생각이 들어."

"오래전 이야기이긴 하지만 대광고등학교 학생 강의석이 생각나네요. 당시에 '헌법에 보장된 종교 자유를 찾기 위한 싸움에 나서며'라는 글에서 이렇게 말했더군요.

권리 위에 잠자는 자는 지켜주지 않는다는 법치국가 대한민국, 우리의 노력은 이제 시작이라고 생각합니다. 희망찬 하루입니다.

저는 강의석 학생의 눈물겨운 투쟁을 바라보면서 올림픽 금메달과는 비교할 수도 없는 감동을 느꼈어요."

"그랬니? 나는 부끄러웠단다. 저 어린 학생이 우리가 미처 생각하지 못했던 인권의 지평을 넓혀놓고 있구나, 생각하니까 전율이 느껴지더라. 왜 제비 한 마리가 봄을 가져오는 것

은 아니지만 봄의 소망은 일깨운다는 말이 있지 않니? 강의
석 군은 모두가 길들여져서 그저 그러려니 하고 살던 문제를
사회적 의제로 이끌어내고 그 문제 해결을 위해 고통을 스스
로 짊어지기까지 했었지."

"그 뒤에 시민단체가 있었다고 하던데요."

"그렇겠지. 하지만 그렇다고 하여 강의석 군의 투쟁이 빛
이 바랬던 것은 아니야. 그는 어떤 의미에서 징검다리의 밑
돌 하나가 되기로 작정한 것이었는지도 몰라. 자신은 차가운
물 속에 있으면서 다른 이들은 편히 건너가도록 해주는…"

"저는 태어나기 전부터 교회 안에서 생활해 왔으면서도,
때로는 정체성의 접이지대에 있다는 생각이 들 때가 많았어
요. 다른 문화나 종교에 대해서 배타적인 기독교인들을 볼
때마다 나 스스로가 모욕을 받은 것 같은 느낌이 들고, 오히
려 다른 종교에 매력을 느낄 때가 많아요."

"사람에게는 대안동경이라는 게 있대. 이곳보다는 강 건너
저편이 더 아름다워 보이잖아. 도회지의 삶이 힘겨우면 사람
들은 가끔 '에이, 농사나 지으며 살까?' 하지만, 농촌 생활을
해본 사람들은 절대로 그런 말을 할 수 없지. 다른 종교에도

역시 우리가 안고 있는 것과 같은 동일한 문제가 있을 거야."

"문제는 기독교가 너무 편협해 보인다는 점이에요. 나는 교리에 대해서도 무지하지만 보수적인 기독교인일수록 다른 이들과 소통할 수 있는 틈이 거의 없다는 느낌이 들 때가 많아요."

"그때 강의석 군이 제기한 문제는 '학교 종교 의식 참여에 대한 학생들의 선택권을 보장하라'는 것인데, 이것 때문에 기독교 계통 학교마다 비상이 걸렸었지. 위기는 기회라는 말처럼, 정체성의 위기를 새로운 정체성 확립의 기회로 삼으면 좋을 텐데, 다들 문제를 봉합하려고 서둘기만 하더라."

"저는 예수님이라면 어떻게 하실까 생각해보았어요."

"그랬더니?"

"예수님은 잃어버린 양 한 마리조차 찾으신다니까, 교칙과 제도를 어기고 기존 질서에 대해 물음표를 붙였다 하여 한 학생을 학교 밖으로 내몰지는 않았을 거라는 생각이 들었어요. 어쩌면 그를 사랑으로 보듬어 안고, 오히려 그를 대견하게 여기지 않으셨을까요?"

"네가 믿는 예수님은 참 멋진 분이구나. 프랑스의 피에르 신부님은 우리에게 사람을 가르는 새로운 기준을 제시하고 있더구나."

인간에 대한 근본적인 구분은 '신자'와 '비신자' 사이에 있는 것이 아니다. 그 구분은 '홀로 족한 자'와 '공감하는 자' 사이에, 타인들의 고통 앞에서 등을 돌리는 자와 그 고통을 함께 나누기를 받아들이는 자 사이에 있다. 어떤 '신자'들은 '홀로 족한 자'들이며, 어떤 '비신자'들은 '공감하는 자'들이다.

"와, 공감이 가네요."

"그럴 줄 알았어. 사랑이란 결국 다른 이들을 돕기 위해 안락한 골방에서 벗어나는 자기 초월이 아니겠니?"

"사랑이란 결국 타인의 아픔에 대한 공감이겠네요."

"자비란 자애로움과 너의 아픔에 대한 슬픔의 결합이잖아. 우리는 이걸 잊어버리고 사는 것 같아. 예수의 십자가 사랑이 뭐겠니? 결국 우리의 죄에 대한 슬픔이고 우리 존재에 대한 사랑이 아닐까?"

징검돌이 된 사람들

"그러니까 저는 기독교 학교의 기독교 교육이 강제로 이루어져서는 안 된다고 생각해요. 오히려 비기독교인들과 공존하면서, 서로의 차이조차 사랑으로 포용하는 것을 가르치는 게 진정한 기독교 교육이라고 생각해요."

"옳은 이야기야. 하지만 관리자의 입장에서는 그게 말처럼 쉽진 않겠지. 그래도 이제 기독교 교육에 대해서 진지하게 고민해 보아야 할 시기가 도래한 건 분명해. 학교의 건학 이념과 학생의 인권 문제가 부딪쳤을 때 어느 쪽 손을 들어 줄 것인가? 시간이 흐르긴 했지만 당시 대광고등학교는 모든 교직원들이 참여한 진지한 논의 끝에 학생의 인권을 존중하는 결정을 했는데, 이건 굴복이 아니라 하나의 도약이라고 보아야 할 거야. 종교 교육에 있어서 학생들의 선택권을 보장한다는 것이 곧 선교의 좌절은 아니거든. 오히려 비종교적 상황 속에서 어떻게 기독교의 정신을 드러내고, 비종교인이나 다른 종교를 가지고 있는 이들과 평화롭게 공존하는 방법을 익히는 것은 진정한 의미에서 하나님의 선교라고 할 수 있겠지? 이런 도전은 궁극적으로 기독교의 발전을 가져올 거야."

"아까 말씀하신 대로 강의석 학생의 투쟁은 새로운 세상을 향한 징검돌 하나를 놓은 셈이었네요."

"그래, 청년 시절의 아빠 또래의 젊은이들은 '자유의 나무는 피를 먹고 자란다'는 말을 들으며 살았단다. 세상에는 징검돌이 된 사람들이 꽤 있어. 문익환 목사님은 미쳤다는 소리를 들으면서도 남과 북 사이를 잇는 징검돌 하나를 놓았고, 오태양 씨는 양심적 병역 거부의 징검돌 하나를 놓았고, 탤런트 홍석천 씨는 성적 소수자의 인권이라는 징검돌 하나를 놓았지. 그들은 한결같이 길 없는 곳에 길을 만든 사람들이라 할 수 있어."

"기존 체제는 그들을 매우 불편하게 생각하잖아요."

"칭찬을 기대하고, 안락을 추구한다면 그런 일을 할 수는 없겠지. 살다보면 어둠에 온 몸으로 부딪혀 나가 조그마한 불빛을 만들어야 할 때가 있어. 삶의 격전장에서는 당파성을 견지해야 할 때도 있는 법이야. 하나님도 가난한 사람들 '편'을 드시잖아. 산술적인 공평무사함이 때로는 불의가 될 수도 있어. 나는 기존 질서에 순치된 사람들 말고, 좀 투박하더라도 현실에 대해 '아니'라고 말할 줄 아는 사람들이 좋더라. 이런 생각을 할 때마다 떠오르는 시가 이재무의 〈땡감〉이야.

여름 땡볕
옳게 이기는 놈일수록
떫다
떫은 놈일수록
가을 햇살 푸짐한 날에
단맛 그득 품을 수 있다
떫은 놈일수록
벌레에 강하다
비바람 이길 수 있다
덜 떫은 놈일수록
홍시로 가지 못한다

아, 둘러보아도 둘러보아도
이 여름 땡볕 세월에
땡감처럼 단단한 놈들이 없다
떫은 놈들이 없다

"강의석 학생은 그런 의미에서 '떫은 놈'이었네요."

"얼마 전까지만 해도 강자들의 횡포에 대해 대놓고 저항하지는 못하고 마뜩찮은 표정을 짓고 있으면 '왜, 떫어?' 하는 소리를 듣게 마련이었는데, 그때 '그래, 떫어' 하고 말해야 우리 정신이 크는 건데… 나는 덜 떫은 우리 젊은이들을 보면 좀 안타깝더라."

"그래도 좀 떫게 굴면 싫어하시잖아요?"

"그건 그래. 그런데 명심해야 할 것은 상생을 위한 떫음이 아니라 자기 욕망충족을 위해 떫다가는 버림을 받기 십상이라는 거지. 떫음 그 자체가 목표가 아니라는 말이야. 가을이 되면 단맛을 품어야지. 인생의 가을이 되었는데도 떫기만 한 사람들도 있거든."

"작정한다고 단맛이 품어지는 것은 아니겠지요?"

삶의 지향

"그럼. 하지만 지향은 분명해야지. 나는 여름날 땡감처럼 단단하던 사람이, 어느 결에 제 풀에 물러져서 땅바닥으로 떨어져버리는 사람들을 볼 때마다 안타깝더라. 정말 사람은 별 수 없다는 생각이 들고. 시간 속에서 살아가는 사람의 입장이 늘 동일할 수는 없겠지. 하지만 지향은 같아야 하는데, 지향 자체를 바꾸는 사람들을 보면 슬퍼지더라."

"지향을 바꾸는 이유가 뭘까요?"

"낸들 알겠니? 하지만 짐작이 가는 점이 없지는 않아. 어쩌면 그들은 자기도 모르게 기득권을 누리는 집단으로 전락하고 만 건지도 몰라. 수많은 사람들에게 둘러싸인 채 조명을 받는 자리에 앉고, 자기의 말이 권력이 되는 걸 경험하고, 물질적인 안락함에 길들여지다 보면 어쩔 수 없지. 그의 눈에는 전혀 다른 세상이 보이기 시작하는 거야."

"마음의 가난함이 사라지는 거군요."

"맞아. 피에르 신부님은 마음이 가난하다는 뜻을 새롭게 해석하더라. 그건 성 프란체스코처럼 자신이 가진 모든 재산을 나누어준다는 의미가 아니라는 거야. 그가 국가의 원수이건 회사의 우두머리이건, 또는 노동조합 책임자이건, 교사이건, 매일 저녁 '나의 능력과 특권과 재능과 학식을 가지고 약자들과 가난한 자들을 위해 무얼 했는가?'라고 자문하는 사람이 마음이 가난한 자래."

"마음에 와 닿네요. 그동안 '마음이 가난한 자가 복이 있다'는 말씀을 추상적으로만 생각했는데 말이에요."

"그렇지? 하지만 마음의 가난함이란 생활의 청빈함과 분리해서 생각할 수 없어. 부유함을 누리면서 마음의 가난을 운위하는 것 자체가 위선이니까."

"하지만 쌀독에서 인심 난다고, 너무 가난하면 정신이 각박해지잖아요?"

"그렇지, 하지만 열정적으로 부를 추구하는데 가난을 면치 못하면 정신이 각박해지지만, 자발적으로 가난을 택한 사람들의 정신은 오히려 맑아지지 않을까? 자발적으로 가난을 택했다는 말은 그러니까 자기 삶의 경계선을 넘어 다른 이들에게로 나아간다는 말이겠지. 바울은 로마교인들에게 '비천한 사람들과 함께 사귀라'(로마서 12:16)고 했어."

"자기 삶의 경계선을 넘는다는 게 어디 쉬운 일인가요? 영화 〈빌리지〉의 숲처럼 다른 세계는 늘 두려움으로 다가오는 걸요."

"하지만 낯선 것과의 대면이야말로 내가 커지는 기회가 아니겠니?"

"사실 경계선 너머에 있는 타자들의 세계도 그렇게 낯선
세계는 아닌데 왜 지레 겁부터 내는지 모르겠어요."

"믿는다는 것은 어쩌면 우리 삶의 경계선을 넓혀 더 많은
사람들과 생명들을 품에 안는 것이 아닌가 싶어."

그대는 한 송이 꽃

경계를 넘어

"새마을 노래 생각나세요? '새벽종이 울렸네
새 아침이 밝았네 우리 모두 일어나 새 나라를 만드세'.
'초가집도 없애고 마을길로 넓히고 푸른 동산 만들어
알뜰살뜰 가꾸세'. 이 '새 나라'에서 초가집은 가난의 상징이고,
게으른 사람은 설자리가 없지요.
사회 전체 분위기가 가난과 게으름을 악으로 보는 생각을
우리 속에 주입한 것 같아요."

"전체주의적 사고가 삶의 여백을 박탈하고
그 속에 획일적인 생각을 주입한 거지요.
그때부터 분주함은 한 사람의 유능함의 표지처럼 인식되었고,
'돈'이 사고를 지배하기 시작하면서 우리는 눈에 띄게 허둥대기
시작했고. 이웃은 더 이상 함께 살아가는 생의 동반자가 아니라
경쟁자로 돌변했지요. 물질이 늘어날수록 이웃간의 담은
높아지기 시작했고요. 고샅길을 느긋하게 걷던 사람들의
발걸음이 빨라지고, 또 차가 걷기를 대체하면서
진정한 만남의 가능성은 점점 줄어들게 되었지요."

쉼,
평화의 시작

활동보다는 존재가 먼저

"편안해 보이시네요."

"모처럼 한가한 시간을 보내니까, 잘 적응이 안 되는데요. 늘 뭔가에 쫓기듯 살아왔는데 이렇게 지내도 되나 싶은 생각도 들고요."

"손에서 할 일을 내려놓으니까 불안하지요?"

"불안한 것은 아니지만, 왠지 낯설어요. 마루바닥에 엎드려 책도 보고, 멍하니 천장도 올려다보고, 졸리면 낮잠도 자고…."

"수양회를 준비하는 분들이 '주제로 뭘로 할까요?' 하고

그대는 한 송이 꽃

묻길래, '쉼, 평화의 시작'이라고 말하니까 좀 당황스러워 하더군요. 수양회를 잘 하려면 뭔가 이벤트를 만들고, 다양한 프로그램을 준비해야 하는데, 담임목사라는 이가 이번 수양회는 교인들을 좀 심심하게 내버려두라고 하니까 고개를 갸웃거려요. 불안한 거지요. 하지만 사람은 심심함에 처할 줄도 알아야 창조적이 돼요. 정히 할 일이 없으면 풀잎이라도 자세히 들여다보든지, 자기 마음을 들여다보든지, 뒹굴거리는 친구의 옆구리를 걷어차면서 이야기를 걸든지, 부엌에 가서 고구마줄기라도 다듬든지 하겠지요. 그러다가 모처럼 성경을 읽어볼 생각이라도 하면 고마운 거고."

"저는 이번에 정말 쉬는 것도 훈련이 필요하다는 생각을 하게 됐어요."

"그래요?"

"그 동안 우리는 자기가 행하는 일들(deeds)과 자신을 너무 동일시하고 살아온 것 같아요. 분주함 속에 있어야만 살아있다는 실감을 한다고 할까요? 너무 바쁘면 '못 살겠다'고 아우성을 치기도 하지만, 분주함보다 더욱 견디지 못하는 것은 한가함이지요."

"제가 아는 어떤 분은 몇 해 전에 아주 분주한 자리에서 일하다가 한직으로 물러나게 되었는데요. 그는 겉으로는 잘됐다고 말하면서도 영 불안해 보였어요. 왜 그러냐고 물었더니 이상한 상실감이 그를 놓아주질 않는다는 거예요. '내가 없이도 한 조직이 별 탈없이 굴러간다는 사실'이 그에게는 매우 당혹스러웠던 것이지요. 그래서 그는 하루에도 몇 가지씩 일을 만들면서 시간을 견뎌나갔는데, 결국 그를 찾아온 것은 더 큰 허탈감이었대요."

"이해할 수 있을 것 같아요."

"저는 수첩 속표지에 'Do less, Be more'라는 구절을 써놓았어요. 자꾸 일을 만들지 말고, 존재에 집중하자는 거지요. 숯 검댕이 묻은 손으로 남의 옷을 털어줄 수는 없잖아요. 내가 평화롭지 못하고, 내 속에 기쁨이 없다면, 나를 통해 이루어지는 일이 아름다울 리가 없지요. 어떤 때는 내가 너무 게으르게 지내는 것 아닌가 하는 생각이 들어 무안해지기도 하지만 그래도 활동보다는 존재가 먼저인 것 같아요."

그대는 한 송이 꽃

한가한 사람이 곧 등한한 사람은 아니다

"제가 보기엔 목사님은 너무 바삐 사시는 것 같은 데요."

"제가 그렇게 보여요? 참 문제네. 목사가 여유로워야 교인들을 닦달하지 않는데. 하나님이 나를 사랑하시지 않나? 한가로움은 하늘이 주는 선물이래요. 허균이 《한정록》에 옮겨놓은 글 가운데 '조물주가 사람에게 공명과 부귀를 아끼지는 않으나 한가한 것만은 아낀다'는 구절이 나와요. 그 글은 과도한 욕심이 우리 삶을 분망하게 하고, 그 분망한 삶이 정신의 피폐를 낳게 되는 과정을 담백하게 표현하고 있어요. '다행히도 집에서 멀고 지낼 수만 있다면 정말 한가한 생활을 즐기도록 하는 것이 좋을 텐데도 돈지갑만은 꼭 간수하려고 손을 벌벌 떨고, 금전출납부만을 챙기면서 마음을 불안하게 먹고 있으니 어찌 낮에만 부산하여 바쁘겠는가. 밤 꿈에도 뒤숭숭할 것이다.' 꼭 우리 모습을 보고 있는 것 같지 않아요? 뒤에 그는 이런 시구를 덧붙였어요."

한가한 사람이 아니면 한가함을 얻지 못하니
한가한 사람이 바로 등한한 사람은 아니라네

不是閑人閑不得閑人不是等閑人

101

"한가함은 한가한 사람만 얻을 수 있다는 말이 가슴에 사무치지 않아요? 한가한 사람이 바로 둔한한 사람은 아니라는 말이 주는 계발적 깨달음도 있고요."

"공감이 가네요. 똑같은 상황에 직면해도 사람마다 반응하는 방법은 제가끔인 것 같아요. 어떤 이는 죽도록 괴로워하지만, 어떤 이는 현실을 가볍게 박차고 솟아오르거든요. 저는 지금까지 한가하게 지내는 것은 잘못이라는 강박관념에 시달려 온 것 같아요. 굴곡 많은 역사의 변전 과정에서 유유자적하는 사람들을 볼 때마다 역사에 무임승차한 사람들이라는 생각을 지울 수 없었거든요. 그게 제 의식을 옥죄었고 분주한 삶을 택하게 만들었어요. 하지만 한가한 사람이 곧 둔한한 사람은 아니라는 말은 제게 상당히 도전이 되네요."

"몇 해 전인가요. 진보적인 젊은 언론인이 신문 컬럼을 통해 이현주 목사님을 '얼치기 도사'라고 칭한 적이 있었어요. 현실은 각박하기 이를 데 없는데, 그는 언어 놀음이나 하면서 젊은이들을 오도하고 있다는 것이었지요. 하지만 난 그 컬럼니스트의 말에 동감할 수 없었어요. 현실 참여라는 것이 꼭 선동적인 언어와 구호로 무장해야 하는 것은 아니거든요. 저는 오히려 현실이 난마처럼 얽혀든 시대일수록 경전을 깊이 파고드는 이들이 있어야 한다고 생각해요. 날실이 중심을 바로 잡아야 씨실로 천을 짤 수 있잖아요? 물론 그 언론인도 그런 사실을 모르지는 않을 거예요. 어쩌면 그를 화나게 한 것은 이현주 목사님의 치열한 구도정신과 사유의 깊이에 이르지 못한 이들의 어설픈 흉내내기였을 거예요. 유사품(?)에 주의해야지요. 가짜일수록 진짜처럼 보이잖아요. 하지만 그래도 그의 언어폭력은 경솔했어요. 이현주 목사님은 결코 둔한한 분은 아니에요. 그만큼 철저한 분을 저는 별로 보지 못했어요."

"모두가 다 그분처럼 살 수는 없지 않겠어요?"

"물론이지요. 공평함이 없는 세상을 향해서 악을 쓰는 사람도 있어야 하고, 돌멩이를 드는 사람도 있어야 하고, 두 손을 모아 기도하는 사람도 있어야지요."

"목사님이 돌멩이 드는 것을 긍정해도 되나요?"

"그러다가 쫓겨나겠지요?"

화이부동(和而不同)의 지혜

"길이 서로 다른 듯 싶어도 결국은 좋은 세상을 만들자는 목표가 같다면 서로의 다름을 인정하면서 조화를 모색하는 화이부동(和而不同)의 지혜가 제일 필요한 때인 것 같아요."

"나와 다름을 용납하지 못한다는 게 우리 사회의 가장 심각한 병이 아닐까 싶어요. 왜 이 지경이 되었나 생각해보는데, 어쩌면 독재정권 아래서 살아온 삶의 관성 때문이 아닐까요? 지난 시절 우리는 '다른 언어'로 말할 수가 없었지요. 독재자를 뜻하는 'dictator'는 '혼자 말하는 사람'이라는 뜻을 함축하고 있대요. 말이 곧 권력인데, 독재자는 말을 독점한 사람이지요. 그는 자기와 다른 언어나 문법을 사용하는 사람을 불온시해요. 더 무서운 것은 우리도 자신이 모르는 사이에 독재자의 사고에 동화되어 다른 사고와 언어를 가진 이들을 불온시한다는 사실이지요. 남들과 다른 방식으로 생각하는 사람은 '융통성이 없는 사람', 혹은 '국론분열을 일으키는 사람'으로 낙인찍히지요. 그건 다양한 모임 속에서도 마찬가지인데, 그 모임의 주류 언어와 다른 목소리를 냈다가 조직의 쓴 맛(?)을 보는 경우도 종종 있지요."

"독재자가 좋아하는 단어는 '일사불란'(一絲不亂)이라면서요?”

“70년대를 돌아보면 한편의 코미디를 보는 것 같아요. 장발 단속을 한다고 경찰들이 바리캉(이발기)을 들고 서있질 않나, 미니스커트 길이를 잰다고 자를 들고 서있질 않나. 지금 생각해보면 그게 다 기존체제에 대한 소시민들의 문화적 항거였는데, 독재자는 그것조차 용납할 수 없었던 거지요.”

“새마을 노래 생각나세요? ‘새벽종이 울렸네 새 아침이 밝았네 우리 모두 일어나 새 나라를 만드세’. ‘초가집도 없애고 마을길로 넓히고 푸른 동산 만들어 알뜰살뜰 가꾸세’. 이 ‘새 나라’에서 초가집은 가난의 상징이고, 게으른 사람은 설자리가 없지요. 사회 전체 분위기가 가난과 게으름을 악으로 보는 생각을 우리 속에 주입한 것 같아요.”

“전체주의적 사고가 삶의 여백을 박탈하고 그 속에 획일적인 생각을 주입한 거지요. 그때부터 분주함은 한 사람의 유능함의 표지처럼 인식되었고, ‘돈’이 사고를 지배하기 시작하면서 우리는 눈에 띄게 허둥대기 시작했고, 이웃은 더 이상 함께 살아가는 생의 동반자가 아니라 경쟁자로 돌변했지요. 물질이 늘어날수록 이웃간의 담은 높아지기 시작했고요. 고샅길을 느긋하게 걷던 사람들의 발걸음이 빨라지고, 또 차가 걷기를 대체하면서 진정한 만남의 가능성은 점점 줄어들게 되었지요."

"가이슬러라는 사람은 느림이 우정을 발견했다면서, 빠름에는 친구가 필요 없다고 하더군요. 필요한 것이 있다면 교통수단일 뿐이라는 거지요."

"노자는 '까치발로는 오래 서지 못한다. 가랑이를 한껏 벌려 성큼성큼 걷는 걸음으로는 멀리 가지 못한다'(《도덕경》 24장)고 했어요. 까치발로 선다는 것은 결국 남보다 크게 보이려는 것이고, 가랑이를 한껏 벌려 걷는다는 것도 남보다 앞서 가려는 것인데 그것은 부자연스러운 몸짓이지요. 지금 우리가 꼭 그런 형국인 것 같아요."

"쉼을 갈구하면서도 쉴 줄 모르는…."

"그런 의미에서 저는 '안식일'에 대한 재해석이 필요하다고 생각해요. 창세기에는 '일곱째 날에 하나님이 그 지으시던 일을 마치시니'(2:2)라는 구절이 나와요. 물론 개역 성경은 '하나님의 지으시던 일이 일곱째 날이 이를 때에 마치니'라고 번역함으로써 교묘하게 신학적 혼돈을 피해가고 있어요. 하지만 이스라엘의 랍비들은 제 칠일에도 창조행위가 있었다고 풀어요. 즉 제 칠일에는 '메누하'(안식)가 창조되었다는 거지요. 여기서 메누하는 행복, 고요함, 평화, 휴식 등의 의미를 함축하는 단어래요. 창조의 궁극적인 목표는 쉼이라는 거지요. 이때의 쉼은 그러니까 빈둥거린다든지, 기분 전환을 위해 신나게 노는 것하고는 거리가 멀겠지요. 진정한 의미의 안식은 일상의 노동을 통해 흐트러진 우리의 마음을 모으는 데서 오는 열매일 거예요. 실제로 정신이 배제된 몸과 마음의 휴식이라는 게 일쑤 타락으로 귀결되는 것을 거의 매일 우리는 보고 있어요. 하나님은 피곤하셨기 때문에 쉬신 것이 아니라 쉼 자체가 창조였다는 사실을 우리가 깨달았으면 좋겠어요."

뒤집힘에서 비롯된 위기

"이제 주 5일제 근무가 정착되었는데도 사람들이 제대로 쉴 수 없는 것 같아요. 제 생각에는 진정한 쉼을 연습하지 못한 이들은 결국 소비산업이 제공하는 휴가 문화에 종속되어 버리는 듯 해요. 그러면 휴식은 또 다른 노동이 되거나, 삶을 피곤하게 만드는 요인으로 작용하겠지요. 그렇게 해서 휴가 문화에도 빈부귀천이 나타나면, 몸은 쉬면서도 마음은 쉬지 못하는 거지요. 돈 없이 쉴 줄 아는 방법을 익히는 게 제일 좋을 것 같기는 한데…"

"결국 우리가 제대로 쉴 줄 알기 위해서 먼저 필요한 것은
생태학적 감수성을 회복하는 일이라고 생각해요. 어느 결에
우리는 세상에 존재하는 생명들 혹은 사물들 앞에 문득 멈춰
서고, 말을 건네고, 소리 없는 소리에 귀를 기울이고, 감촉을
느껴보고, 경탄하고, 우는 능력을 잃어버리고 말았어요. 지금
경기가 좋지 않다고 다들 아우성인데, 물론 그건 절실한 문
제이기는 하지만, 그보다 더 큰 문제는 우리가 삶의 풍요로
움을 누리는 능력을 잃어버렸다는 사실이에요. 이렇게 얘기
하면 한가한 소리 한다고 욕을 먹을지도 모르겠네요."

"이번에 가르쳐주신 관상기도를 드리면서 저는 나 자신에
대해서 돌아보지 않고 살아왔다는 생각이 들었어요. 늘 활동
속에서 존재 의미를 찾다보니까 내가 어떤 존재인지에 대해
서는 거의 묻지 않은 채 살아온 거지요. 하나님을 향한 마음
의 지향만 간직한 채 침묵 속에 머물면서, 저는 저 자신을 낯
선 존재로 경험했어요. 제 속에 그렇게도 많은 생각들이 들
끓고 있다는 사실을 왜 진작 자각하지 못했는지 모르겠어요.
추하고, 비굴하고, 욕심스럽고, 이기적이고, 정욕에 찬 제 모
습이 그렇게 낯설 수가 없었어요. 저는 그래도 '나는 적어도
나쁜 사람은 아니다'라고 생각해왔는데, 존재의 문제는 도덕

의 문제와 꼭 일치하는 것은 아닌가 봐요."

"나무 자책하면 안 돼요. '이게 바로 나구나' 하고 인정하는 것이 치유의 시작이니까요."

"그런데 20분 동안을 그런 분심(分心) 상태 속에 머물다 보면 어느 순간 생각이 끊어지고, 고요해지는 시간이 있더군요."

"그 시간은 어쩌면 단 한 순간도, 심지어는 꿈 속에서조차 벗어날 수 없었던 '나'로부터 해방되는 순간이 아닌지 모르겠어요. 자신에 대해 생각하는 관습적인 방식, 그리고 세상을 바라보고 또 반응하는 방식이 잠시 끊어지는 순간, 우리는 평화를 맛보게 되지요. 어느 분은 그것을 '주입된 평정'(infused recollection)이라고 하더군요. 내가 만들거나, 나의 의지가 조작한 것이 아니니까요."

"참 좋다는 생각은 드는데, 집에 돌아가서도 이 기도를 계속할 수 있을지 모르겠어요. 일상의 흐름을 끊고 기도할 시간을 마련하기가 아무래도 쉽지 않을 것 같고, 또 누구의 방해도 받지 않을 공간을 찾기도 어려울 것 같고요."

"쉽진 않겠지요. 기도도 훈련이에요. 내 기분이나 형편에 따라서 하다보면 영혼이 자랄 수가 없어요. 옛 사람들의 진리 공부는 '수신', '수양', '수행'을 기본으로 했지요. '성의', 즉 뜻을 세우고 그것을 성취하기 위해 마음을 오로지 해서 노력하는 일은 기본이고요. 제가 속상해 하는 것은 가장 소중한 것을 얻기 위해서는 시간을 들이지 않으면 안 되는데, 사람들이 신앙생활을 너무 건성으로 한다는 거예요. 요즘 '느림'을 이야기하는 이들이 꼭 예로 드는 게 포도주인데, 포도주는 오랜 시간을 품고 있다는 것이지요. 수확, 저장, 숙성의 시간 말이에요. 그래서 포도주를 즐기는 것은 시간과 화해하고 살려는 시도이고 시간을 질로 채우려는 시도라고 말하지요. 포도주에 대한 대단한 예찬인 셈인데, 설익은 삶에서 존재의 향기를 기대하기란 어렵지 않겠어요? 신앙생활이 중요하다고 말하면서도 우리는 시간을 들이고, 공을 들이지 않아요. 항상 더 바쁜 어떤 일이 있기 때문이지요. 삶의 우선순위에서 진리공부는 항상 뒤로 밀리는 거지요. 문제는 그렇게 살다보면 진리공부의 기회는 영 주어지지 않는다는 사실이에요."

"부끄럽네요."

"부끄러우라고 한 이야기가 아니라, 그게 우리 현실이에요.

사람살이에 있어서 '선'과 '후', 혹은 '본'과 '말'을 구별하는 게 지혜일 텐데, 우리는 그것을 뒤집어서 사는 것이 아닌지 모르겠어요. 우리 생의 위기는 알고 보면 그런 뒤집힘에서 비롯된 것인지도 몰라요. 많은 사람들이 수도원적 삶에 대한 막연한 그리움을 표현하는데, 그건 어쩌면 전례를 중심으로 시간을 재구성함으로써 자신의 시간 경험을 새롭게 하고 싶다는 소망 때문인지도 모르겠어요."

"개회 예배 때 사티쉬 쿠마르를 인용하시면서 자신을 충만하게 하는 것 네 가지가 있다고 하셨지요? 겸손, 봉사, 공부, 잠자는 것이었나?"

"맞아요."

"겸손은 자존심의 무게로부터 우리를 해방해주고, 봉사는 강박관념을 씻어주고, 공부는 자기 자신을 텍스트로 삼아야 한다고 하셨지요? 그리고 잠을 잘 자야 덜 억압하게 된다는 말씀을 하셨는데, 평범한 듯 하면서도 정곡을 찌르는 말씀이라 생각했어요. 사실 우리가 추구하는 평화란 멀리 있는 것이 아니지요. 사회의 시스템, 국제관계도 매우 중요하지만, 평화의 못자리는 평범한 일상이잖아요. 밥 먹고, 일하고, 사람들을 만나고, 함께 놀고, 공부하고, 잠자고… 우리는 가장 기본적인 것을 잘 못하기 때문에 늘 어떤 강박관념의 노예로 살아가는 것 같아요. 쉼이 곧 평화의 시작이라는 말씀은 자칫하면 배부른 자의 말처럼 들릴 수도 있지만, 사실 쉼이 없는 평화란 없지요."

"해야 할 일을 잠시 내려놓고, 옳고 그름에 대한 판단도 유보하고, 푸른 나무, 푸른 잔디를 바라보고 있는 것만으로도 마음이 시원해진 것 같네요. 족구하러 가지 않을래요?"

쉼, 평화의 시작

"몇 주 전에 하신 말씀이 생각나요.

예수님이 예루살렘을 향한 수난의 길을 걷고 있을 때 제자들은

스승의 고뇌를 이해하지 못한 채 '누가 크냐?'는 다툼을

벌였지요. 그건 그들의 관심이 온통 자기 자신에게

집중되었기 때문이라면서 모을 집(集)에 가운데 중(中)의 집

중(集中)은 한 가지 욕심으로 마음이 쏠리는 것이라고 하셨어요.

그에 비해 예수님의 삶은 잡을 집(執)에 가운데 중(中)의

집중(執中)의 삶이라 하셨어요. 가운데,

즉 진리를 굳게 잡은 자라야 자기를 넘어설 수 있다구요."

"그래, 인도의 간디 알지? 그가 '마하트마'
곧 위대한 혼이라고 불리운 까닭이 뭐겠니?
그건 그의 삶이 집중(執中)의 삶이었기 때문일 거야.
그의 삶을 요약하는 말은 '사티하그라하'(satyagraha)와
'아힘사'(ahimsa)일 거야. 사티하그라하는 수동적 저항이라는
뜻도 있지만, 사실은 진실 혹은 본질(satt)을
굳게 붙잡는다(graha)는 뜻이야. 진리를 굳게 붙잡은 사람은
아힘사를 실천하게 되는데, 아힘사는 '불살생'을 일컫는
말이야. 아힘사를 실천하는 사람은 있는 힘을 다하여
지극히 작은 생명 하나라도 살해하지 않고 그것을 구해주려고
애쓰게 마련이지. 이게 자비이고 긍휼 아니겠니?"

우리의

사티하그라하

촛불을 밝히고

"네가 부활절 새벽 촛불 예배에 참석한 것을 보고 난 깜짝 놀랐다."

"왜요?"

"너 같은 잠꾸러기가 그 새벽에 나오리라고는 생각하지도 못했고, 또 기대하지도 않았거든. 그런데 회중석을 바라보는 순간 기적처럼 네가 어둠 속에 앉아 있더라."

"그 말씀 들으니까 좀 섭섭하기도 하고 죄송하기도 하네 요."

"……"

"캄캄한 어둠 속에서 '무덤 묵상'을 하고 있으려니까, 마음이 굉장히 편안해지던데요."

"무슨 생각을 했니?"

"잘 기억은 안 나요. 하지만 별로 대면해 본 적이 없었던 나 자신의 모습과 마주 서있었던 것 같아요. 그런데 거울을 보는 것과는 또 다른 느낌이 들었어요. 마음의 창에 비친 내 모습이 매우 낯설어 보였어요."

"방의 불을 다 끄고 창문 밖을 물끄러미 바라보다 보면 바깥을 향하던 시선이 점차 자신을 향하게 되는 경우가 종종 있지. 어둠은 어쩌면 우리들 자신의 모습을 비춰보라는 하나님의 선물인지도 몰라."

"그런데 성냥불을 당기는 '탁' 소리와 함께 작은 초에 불이 당겨졌을 때 가슴이 찡해지던데요. 잠시 춤을 추듯 일렁이던 촛불이 자세를 바로잡고 서서히 주위를 밝히는 그 순간순간이 아주 강한 인상으로 다가왔어요. 그 작은 촛불 하나에서 불씨를 얻어간 이들이 다른 이들의 초에 불을 붙여주면서 조금씩 실내가 밝아지는 광경을 바라보니까 괜히 숙연해지더라구요."

"그랬구나. 나는 촛불 예배를 드릴 때마다 윤동주의 〈초 한 대〉라는 시의 세 번째 연의 이미지가 떠오르더라. '염소 의 갈비뼈같은 그의 몸,/그의 생명인 심지까지/백옥같은 눈 물과 피를 흘려/불살려 버린다.' 여기서 윤동주의 초 한 대가 누구인지는 알겠지?"

"예수님이지요."

"그래. 그런데 마지막 연이 좀 유감스러워. '매를 본 꿩이 도망하듯이/암흑이 창구멍으로 도망한/나의 방에 품긴/제물 의 위대한 향내를 맛보노라.'"

"조금 감상적이네요."

"그렇지? 하지만 이 시는 윤동주가 18살 되던 해인 1934 년 성탄절 전야에 썼던 시야. 암흑과도 같은 일제시기를 지 나는 감수성 예민한 젊은이의 마음이 그대로 드러나고 있다 고 봐야겠지."

어둔 밤의 선물

"촛불 앞에만 서면 사람들이 일상과는 다른 정서 속으로 끌려 들어가는 것 같아요."

"왜 그럴까? 단순한 감상만은 아닐 거야. 밝은 대낮은 모든 것을 다 눈앞에 드러내놓기 때문에 모든 것을 납작하게 만들지. 하지만 촛불은 어둠과 밝음을 동시에 가지고 있으니까 어떤 '깊이'를 만드는 게 아닐까? 사람 속에는 어둠도 있고 밝음도 있어. 밝음을 '일'이라고 한다면 어둠은 '쉼'일 거야. 밝음과 어둠이 교차하는 리듬 속에서 생명은 살아가는 거겠지. 현대인들의 문제는 밤을 잊은 채 살고 있다는 거지. 어두워지면 자고, 밝아지면 일어나는 게 자연스런 생명의 흐름인데 지금은 그게 뒤죽박죽이 되어버렸지. 우리 문화에 깊이가 없는 것은 어쩌면 어둠을 잃어버렸기 때문이 아닐까 싶어."

"잃어버린 게 아니라, 추방한 거 아닐까요?"

"그렇게 생각하니?"

"그러지 말아야지 하면서도 밤늦게 집에 돌아오면 컴퓨터

부터 켜게 돼요. 습관적인 거지요. 대화방에 들어가서 이야기를 나누다 보면 어떤 때는 새벽이 될 때도 있어요. 낮에는 피곤하니까 꾸벅꾸벅 졸고, 밤이면 눈이 반짝 떠져요."

"우리 삶의 공간에서 어둠을 인위적으로 몰아낸 것을 발전이라고 하지만 그게 정말 발전일까? 물이 맑으면 물고기가 살 수 없는 것처럼 모든 것이 명명백백하게 드러나는 곳에서는 살 수가 없을 거야. 낮은 한 개의 눈을 가지고 있지만 밤은 천 개의 눈을 가지고 있다는 서양 속담도 있지 않니? 낮을 이성과 합리의 세계라고 한다면 밤은 감성과 상상력의 세계라고 할 수 있을 거야. 과학자들이 말하는 '접혀진 우주'의 그 드러나지 않은 부분, 곧 그 어두운 부분은 이성이 아니라 상상력을 통해서만 열리는 세계인지도 모르지. 우리가 제대로 살려면 밤을 밤답게 살아야 되지 않을까 싶다."

"밤을 밤답게 살려면 신나게 놀아야겠네요. 밤이 제공해주는 비합리와 감성의 공간이 제도와 의무의 감옥에서부터 우리를 해방해 주니까요."

"그렇게 쌓인 게 많으니?"

"농담이에요."

"농담같이 들리지 않는데."

"사실 휘황한 서울 거리는 너무 유혹적이에요. 모든 가능성을 향해 열려 있으니까요."

"그러니 밤을 고요한 명상의 시간으로 보내라는 말은 달나라의 방언처럼 들리겠구나."

"그건 우리를 두 번 죽이는 일이지요."

"살다보면 자기가 원하든 원하지 않든 어둔 밤을 맞을 때도 있어. 느닷없는 사고, 실패, 이별, 권태, 고독, 허무, 질병… 이것들은 그야말로 반갑지 않은 손님이야. 하지만 이것들은 빚쟁이처럼 용케도 찾아와 우리에게 손을 내밀지. 셈을 하라는 거야. 괴롭고 힘겹지만 어쩌면 우리 삶은 이런 손님들이 있기에 조금이나마 피상성을 면하는 건지도 몰라. 세월이 흐른 후에 돌아보면 단조로운 우리 삶에 다채로운 무늬를 새겨놓은 것은 바로 이런 손님들이었다는 것을 알게 돼. 16세기 사람 십자가의 성 요한은 캄캄한 밤이야말로 우리를 하나님 곁으로 이끌어간다고 했어. 물론 그 '밤'은 영혼의 밤을 의미하지만. 우리가 맞이하는 그 낯선 손님들은 우리를 불편하게 하기도 하지만 우리 영혼을 정화하는 역할도 해. 그는

'캄캄한 밤… 이것은 다름 아닌 끊음이요, 씻음 세상의 바깥 일들, 육에 즐거운 것들, 의지에 맛스러운 모든 것을 끊고 씻어버림'이라고 했어. 자기 혼자 힘으로는 하나님께 가까이 가기 위해서 모든 욕심을 비울 수 없기에, 우리 영혼에 찾아온 어둔 밤이야말로 행운이라는 거지. 그래서 그는 어둔 밤을 이렇게 노래했단다.

어느 어두운 밤에/사랑에 타 할딱이며/좋을씨고 행운이여/알이 없이 나왔노라/내 집은 이미 고요해지고

우리 인생에 드리운 '어둔 밤'을 '좋을씨고 행운이여' 하고 맞을 수만 있다면 세상에 무슨 걱정이 있고 두려움이 있겠니?"

불꽃, 영혼의 현존

"촛불 예배에서 보여주신 렘브란트의 에칭화 제목이 뭐였죠?"

"〈엠마오로 가던 길〉 하고, 〈엠마오에서의 식사〉, 〈그리고 그가 그들에게서 사라지다〉였지 아마?"

"그 식사 장면이 좀 인상적이었어요. 예수님이 떡을 떼시자 그들의 눈이 밝아져서 한 사람은 깜짝 놀라 모자까지 떨어뜨렸지요? 얼굴은 붉게 상기되고요. 또 한 제자는 가슴 위에 두 손을 모은 채 자리에서 엉거주춤 일어나서 경외심에 가득 차서 주님을 바라보지요. 그런데 계단을 내려오는 사환은 식탁에서 벌어진 일을 그저 조금의 호기심으로 바라보더군요. 사환의 뒤에 있는 개 한 마리는 어둠 속을 응시하고 있고요."

"자세히도 보았구나."

"저는 제가 그 사환이라는 생각이 들었어요."

"……"

"저는 태어날 때부터 기독교인이 되었지만, 아직 진실한 신자라는 생각은 안 들거든. 교회 행사에 참여하기도 하고, 돕기도 하지만 그저 먼 산 바라보듯 하는 거지, 신앙적 사건을 내 삶과 깊이 연결시켜 본 적은 별로 없는 것 같아요. 절실했던 때가 있다면 대입 준비를 할 때하고, 훈련소에 들어가서 마음이 물렁해졌을 때 정도예요. 그런데 그 사환의 모습을 보는 순간, '저게 나구나' 하는 생각이 든 거죠."

"너, 은혜 받았구나."

"다 그 촛불 때문이에요."

"얘기가 다시 촛불 얘기로 돌아왔구나. 내가 좋아하는 작가인 미셸 투르니에는 물과 불은 모두 생명과 밀접하고 특별한 관계를 가지고 있다고 하더라. 특히 우리가 물에 끌리는 까닭은 모든 생명이 물에서부터 왔다는 사실을 알고 있기 때문이래. 그에 비해 불꽃은 영혼의 현존을 나타내기 때문에 사람을 매혹시킨대. '생명은 물에서 태어났지만, 불은 그 열과 빛, 그리고 연약함 때문에 바로 생명 그 자체를 나타낸다.' 그럴 듯 하니?"

"불꽃이 영혼의 현존을 나타낸다는 말이 그럴싸하네요."

"유럽의 성당을 순례하다 보니까 성당마다 밝혀진 작은 촛불이 마치 꽃밭처럼 느껴지더라. 여행자들이 자기 나름의 염원을 담아서 밝혀 놓은 것인데, 그러니까 춤을 추며 타오르고 있는 촛불은 기도인 셈이지. 그걸 보면 불꽃이 영혼의 현존이라는 말이 실감날 거야. 신앙심이 없는 사람도 초를 밝히는 것은 좋아한다더라. 내가 좋아하는 프랑스 화가 중에 라 뚜르(La Tour, 1593-1652)라는 분이 있는데, 그분의 그림에는 촛불이 등장할 때가 많아. 그는 사람의 형상을 기하학적으로 단순화하여 표현하곤 하는데, 화면마다 등장하는 촛불을 통해 인물의 내적인 정경을 잘 드러내고 있어. 지난번에 너도 〈목수 요셉〉이라는 그림을 본 적이 있지."

"아버지 요셉의 작업장에서 촛불을 들고 계신 예수님 그림이요?"

"그래. 그 그림은 명상적 고요함을 우리에게 환기시키지."

"맞아요. 그 그림을 보는 동안 마치 사위가 조용한 듯 싶었어요. 그 고요함을 감히 깰 수가 없는 분위기였지요."

"……"

우리의 사티아그라하

"하지만 촛불이 때로는 거대한 함성일 때도 있잖아요?"

"그렇지. 여중생 추모 촛불 집회나, 부안 군민들이 벌인 촛불 집회, 탄핵 촛불 집회 같은 것이 그렇다고 말할 수 있겠지."

"역사 속에서 촛불 한 자루를 밝히는 것이 커다란 함성보다 더 큰 힘을 발휘한다는 것을 저는 이번에 처음 느꼈어요."

"네가 2학년 땐가, 학교에서 네가 속한 노래 동아리가 연주회를 한다고 해서 내가 응원 겸해서 구경 간 적이 있었지? 공연을 보고 어둑어둑한 언덕길을 천천히 걸어 내려오는데, 운동장 한 켠에서 아주 소수의 학생들이 촛불을 밝히고 침묵시위를 하고 있더라. 무슨 일인가 하고 보니까 1980년에 광주민주화항쟁의 실상을 알리고 투신했던 너희 학교 선배를 추모하는 모임이더구나. 처음 하는 말이지만 나는 그때 '내 아들이 저 위 강당이 아니라 이곳에 있더라면 얼마나 좋을까' 생각하며 씁쓸해한 적이 있었어. 하지만 모든 것이 때가 있는 법이지. 발묘조장(拔苗助長)이라는 말 알지? 어리석은 송나라 사람이 벼가 빨리 자라게 할 셈으로 논에서 벼를 조금씩 뽑아놓았다지. 살리는 게 목적이었겠지만 그건 죽이는 일이었지. 세상사가 다 그런 것 같더라. 나는 이제 뭐든지 서두를 생각이 없어져버렸다."

"……"

"그래도 살아가면서 점점 큰 소리 내는 사람들이 싫어지는 구나. 세상을 살만한 곳으로 만드는 사람들은 목소리 큰 사람들이 아니야. 뭔가 본질적인 것을 붙잡고 있는 사람은 목소리를 높이지 않는 법이지. 전에는 이사야 42장에 나오는 하나님의 종에 대한 언급을 상징적으로만 이해하려고 했었는데, 지금은 그게 있는 그대로의 진실로 생각되는구나.

> 그는 외치지 아니하며 목소리를 높이지 아니하며 그 소리로 거리에 들리게 아니하며 상한 갈대를 꺾지 아니하며 꺼져가는 등불을 끄지 아니하고 진리로 공의를 베풀 것이다(이사야 42:2-3).

나는 길거리에 몰려나와 분열과 갈등을 획책하는 보수적인 기독교인들의 모습을 보면서 '나의 이름을 망령되이 일컫지 말라'는 계명을 떠올리지 않을 수 없더라. 진실한 신앙은 말없이 낮은 자리에 서고, 누군가의 눈물을 닦아주고, 넘어진 이를 일으켜 세우는 것이어야지."

"몇 주 전에 하신 말씀이 생각나요. 예수님이 예루살렘을 향한 수난의 길을 걷고 있을 때 제자들은 스승의 고뇌를 이해하지 못한 채 '누가 크냐?'는 다툼을 벌였지요. 그건 그들의 관심이 온통 자기 자신에게 집중되었기 때문이라면서 모을 집(集)에 가운데 중(中)의 집중(集中)은 한 가지 욕심으로 마음이 쏠리는 것이라고 하셨어요. 그에 비해 예수님의 삶은 잡을 집(執)에 가운데 중(中)의 집중(執中)의 삶이라 하셨어요. 가운데, 즉 진리를 굳게 잡은 자라야 자기를 넘어설 수 있다구요."

"그래, 인도의 간디 알지? 그 까무잡잡하고 조그마한 인도인이 사람들에게 '마하트마' 곧 위대한 혼이라고 불리운 까닭이 뭐겠니? 그건 그의 삶이 집중(執中)의 삶이었기 때문일 거야. 그의 삶을 요약하는 말은 '사티야그라하'(satyagraha)와 '아힘사'(ahimsa)일 거야. 사티야그라하는 수동적 저항이라는 뜻도 있지만, 사실은 진실 혹은 본질(satt)을 굳게 붙잡는다(graha)는 뜻이야. 진리를 굳게 붙잡은 사람은 아힘사를 실천하게 되는데, 아힘사는 '불살생'을 일컫는 말이거든. 아힘사를 실천하는 사람은 있는 힘을 다하여 지극히 작은 생명 하나라도 살해하지 않고 그것을 구해주려고 애쓰게 마련이지. 이게 자비이고 긍휼 아니겠니? 영국이 무서워한 것은 인도인의 총과 칼이 아니라, 이 자그마한 노인의 물레와 굽힐 줄 모르는 자비 정신이었어. 재미있지 않니?"

"역사가 혼미함 속으로 곤두박질칠 때 사람들이 이심전심으로 모여서 밝혀든 촛불은 어떤 의미에서는 한국적인 사티하그라하일 수도 있겠네요."

"정말 그런지도 모르겠다. 우리가 역사 속에서 벌어지는 사건들의 의미를 늘 당시에 깨닫는 것은 아니니까."

빛의 세상을 향하여

"촛불이 증오나 적대감의 표현이 아닌 데도 사람들이 그걸 못마땅해하는 까닭이 무엇일까요?"

"그 속에 어떤 정치적인 책동이 있다고 생각하기 때문이겠지. 생각보다 많은 사람들이 촛불집회를 누군가의 선동과 기획에 의해 조직적으로 일어난 일로 보더라. 너도 촛불집회에 나갔었지? 너를 그 거리에 내몬 것은 누구니?"

"배후가 어디 있어요? 처음에는 역사의 물줄기를 뒤로 되돌리려는 이들에게 '아니'라고 말하고 싶어서 나갔는데, 그 촛불의 물결 속에서 이상하게도 감동을 받았어요. 거기에는 미움도 증오도 누군가에 대한 배척도 없었어요. 지금까지 관습적인 예배에서는 느끼지 못했던 어떤 영적인 전율을 느껴졌어요. '의미'보다는 '재미'를 우선적으로 추구하며 살던 나도 역사의 주체일 수 있구나 하는 생각에 가슴이 벅차 올랐어요."

"광화문의 광장이 네 영적인 학교였던 셈이구나. 촛불 집회는 우리 정치, 문화의 새로운 이정표가 될 거야. 권모와 술수가 판을 치는 정치문화 속에서 촛불은 정치를 영적인 사건으로 만들고 있는 셈이지. 나는 시민들이 돌멩이와 화염병 대신 촛불 한 자루를 켜듦으로써 역사적 갈등을 민주주의의 축제로 승화시켰다는 점에서 광화문 광장을 아름답게 기억하고 싶구나."

"봄이 온 듯하더니 벌써 여름을 향해 가나 봐요. 저는 벌써 더워요."

"덥지만 빛은 더욱 밝아지겠지. 대낮에 촛불을 밝혀들고 사람을 찾았던 광인이 있었다지. 모두가 세상이 환하다고 말하는 세상에서 홀로 인간의 밤을 보면서 촛불을 켜든 이를 광인이 아니라 시인이라고 부를 수 있는 사회가 되었으면 좋겠다. 그래야 빛의 세상이 오겠지?"

우리의 사티하그라하

"정현종 시인의 〈마른 나뭇잎〉이라는 시 아시지요?
짧은 시인데 촌철살인이라고, 깊은 울림을 주더라구요.
'마른 나뭇잎을 본다.//살아서, 사람이 어떻게/
마른 나뭇잎처럼 깨끗할 수 있으랴.'
저도 때가 되면 깨끗이 질 줄 아는 사람이 되고 싶어요."

"우리 삶이 누추해지는 것은 지켜야 할 자아가 너무 강하기
때문일 거예요. 자아, 그것은 우리 삶의 울타리처럼
보이기도 하지만 사실은 우리를 가두는 벽이자 올무이지요.
지나온 삶의 퇴적물인 자아는 마치 프랑켄슈타인처럼
자율적으로 움직이려 하지요. 어쩌면 우리는 모든 것을
다 잃는 한이 있더라도 자아의 울타리는
무너뜨리지 않으려고 하지요."

인생은
살만한가

인간에 대한 예의

"겨울 산에 들어오면 언제나 눈의 품에 안긴 생명의 씨앗
이 떠올라요."

"또 뭔가 이야기를 하고 싶으신 거지요. 저기 햇살 좋은 자
리가 있네요. 잠시 쉬었다 가지요."

"저 멧비둘기의 평안을 깨는 것 같아 미안하네요."

"양해하겠지요. 사람으로 살아가는 일이 얼마나 힘겨운지
알면 제가 알아서 자리를 비워줘야지요. 그건 그렇고 아까부
터 왜 자꾸 한숨을 내쉬세요, 산에까지 오셔서?"

"요즘 죽음의 망령이 한반도 상공을 배회하고 있는 것 같

그대는 한 송이 꽃

아서 우울해요. 초등학생, 중학생, 대학생 할 것 없이 살해당하고, 자살하고…"

"살맛 없는 사람들이 그만큼 많아진다는 거겠지요."

"왜 그럴까요? 언제 우리가 유토피아에 산 적이 있었나요? 힘겨워도 그게 운명이려니 하고 견디면서 살았지…"

"웬 운명 타령이세요? 그런데 정말 우리 시대에는 그늘이 없어져버린 것 같아요. 뙤약볕 아래를 걸어가는 느낌이에요. 욕망의 집에는 지붕이 없다면서요? 그러니 그 안에 사는 이들은 늘 목마를 수밖에 없지요."

"태양 때문에 살인을 저질렀다는 뫼르소가 되신 것 같네요. 자칫하면 갱년기를 맞은 40대 아줌마의 푸념이라는 소리를 듣겠어요. 그나저나 사회적 수모를 감내하기 어려워 오늘의 고통을 스스로 해결하려고 한다는 유서를 남기고 떠난 고위 공직자의 죽음에 대해서는 어떻게 생각하세요?"

"말하고 싶지 않은데요."

"할 말이 없다는 말인가요? 말하자면 피곤하니까 그만 두겠다는 말인가요?"

"참 짓궂으시네요. 말하기 싫다는데."

"기왕 짓궂다는 말을 들었으니까, 하나만 더 묻지요. 그의 죽음을 둘러싼 사람들의 반응은 어떻게 생각하세요?"

"답답해요."

"……"

"한 사람의 죽음 앞에서 너무 예의가 없는 것 같아요."

"정치적인 목적으로 덧칠하는 것 말인가요?"

"예, 죽음의 고뇌를 이해한다면 그걸 당장 해석하려는 성급함은 피해야죠. 그건 그야말로 그를 두 번 죽이는 일 아닌가요? 그 사건 자체가 말할 때까지 내버려두는 기본적인 예의는 모두가 지켰으면 좋겠어요."

"충분히 공감해요."

"그뿐 아니라 어떤 사람의 삶을 너무 흑과 백으로 가르는 것도 문제지요. 세상에 전적으로 옳고 깨끗한 사람이 어디에 있으며, 장점이라곤 하나도 없는 종자가 어디 있겠어요? 뒤섞인 거지요. 교회학교 선생님이 학생들에게 하나님은 우리 마음의 바탕을 희게 만드셨는데 우리가 자꾸 죄를 지으면 그 마음이 시거매진다고 했대요. 그러면서 학생들에게 '지금 여러분의 마음은 어떤가요?' 했더니 한 녀석이 대답하더래요. '우리는 얼룩이지요 뭐.' 우리가 그런 것 아니겠어요?"

"참 재미있는 이야기네요. 험한 세상을 살아와서인지 우리는 사실 가르고 자르는 일에 익숙한 편이지요. '소이(小異)' 때문에 '대동(大同)'을 버릴 때가 많았어요. 투쟁 국면에서는 어쩌면 당파성을 견지할 수밖에 없었는지도 모르겠지만, 이제는 두루 살펴 너무 치우치지 말아야 하는데, 우리는 모든 것을 일도양단으로 재단해서 갈무리해두려는 경향이 강한 것 같아요. '나쁜 놈' 아니면 '좋은 분'인 거지요."

프로메테우스의 시간

"제가 그의 죽음의 풍경 가운데서 받아들이기 어려운 것은 그의 죽음을 의인의 죽음으로, 순교의 빛깔까지 덧칠해 미화하는 것이에요. 그게 한 인간에 대한 진정한 예의인가 하고 생각해보지만, 영 개운칠 않아요. 뭔가 그 의도가 도드라져 보이기 때문인지도 모르겠어요."

"독직 혐의를 받고 있던 그분은 시민적 기대에 부응하지 못한 것에 대해 직접적으로 책임을 지려 한다면서 자살을 택했는데, 저는 이 대목이 좀 석연치 않아요. 꼭 자살이어야 했나? 물론 그가 겪은 모멸감과 아픔을 제가 다 이해할 수는 없어요. 그래요, 어쩌면 우리는 남의 이야기니까 쉽게 말하는지도 몰라요… 하지만 고통 속에서 죽음을 택하는 것은 가장 쉽고 나태한 방법이래요. 죽음은 그렇게 서두를 것이 못되는 것 아닌가요? 수모를 감내하면서 자기를 돌아볼 수 있었더라면 더 좋았을 텐데."

"가끔은 감옥에 가서 큰 정신이 되어 나오는 분들도 계시지요? 자주 말씀하신 디이트리히 본회퍼 목사님이나, 존 번연, 바울 사도…"

"모든 것을 서열화하는 사회에서 경쟁을 통해 성장한 사람들은 대개 오르기에는 익숙하지만, 내려오는 일에는 매우 서툴지요. 사실 산길을 걸을 때도 올라가기보다는 내려오는 게 훨씬 어렵잖아요? 올라갈 줄 알면 내려올 줄도 알 거라고 생

그대는 한 송이 꽃

각하면 그건 오산이에요. 높아지려는 자기 마음을 자꾸 끌어내려야 해요. 마를린 몬로가 치마를 끌어내리듯이."

"에이, 마를린 몬로는 치마를 끌어내리는 게 아니라, 뭔가를 보여주려고 그런 장면을 연출한 거지요. 잘 아시면서. 사실 저도 살아가면서 큰 어려움을 겪어보지 않은 터이라 삶의 터전이 흔들리고, 급기야는 정성스레 쌓아올린 인생의 공든 탑이 무너져 내리는 것을 바라볼 때의 심정이 어떤 건지는 잘 모르겠어요. 철없는 생각인지 모르겠지만 그 무참한 추락의 순간에도 가슴 한 구석에는 후련함이 슬쩍 얼굴을 보이는 것은 아닐까 싶어요. 우리는 애착하는 것만큼 그것으로부터 벗어나고 싶은 생각도 있는 것 아닌가요? 저는 가끔 코카서스 산정에서 독수리에게 간을 쪼아 먹히는 고통을 감내해야 했던 프로메테우스를 생각하면서 비장한 결의를 다질 때도 있어요. 시시하게 징징거리지 말아야지."

"와, 이야기를 듣다 보니 굉장한 아줌마네요. 아 참, 이렇게 이야기하면 야단맞지. 프로메테우스 이야기를 듣고 너무 놀라서. 왜 이 사건을 두고 프로메테우스가 떠올랐는지는 모르겠지만, 프로메테우스의 고난은 자취한 고난이지요. 그것도 자기를 위해서가 아니라 인간을 위해서 말이에요. 그런 의미에서 그는 영웅이지요. 십자가를 지고 골고다 언덕을 오

인생은 살만한가

르신 분이 떠오르네요. 십자가의 시간, 그 야수의 시간에 죽어가는 자를 낄낄거리며 조롱하던 이들조차 용서하시던 분, 이해할 수 없는 하나님의 침묵 앞에서 그분이 느끼셨을 암담함, 그러나 그분은 자기 몫의 잔을 남김없이 다 마셨지요."

"……"

어른이 그립다

"미안해요. 설교조가 되었네요. 직업병이려니 하고 양해해주세요."

"그래도 재빨리 알아차리셨으니 됐어요. 저는 우리 시대의 지도자들이 정말 정신의 '어른'이 되었으면 좋겠어요. 철인왕을 기다리는 것은 아니지만, 구체적인 문제 앞에서는 치밀하게 일을 처리하면서도 혼자 있는 시간에는 철저히 자신을 돌아보는 사람들 말이에요."

"'어른'을 '성인(成人)'이라고 하잖아요? 그런데 누구한테 배운 말인데 '성인'은 '성인(成仁), 즉 어질게 된 사람'을 의미하는 거래요. 그럴 듯 하지요? 그러니까 어른이란 자기만 아는 사람이 아니라 다른 이들을 진심으로 배려할 줄 아는 사람이란 뜻일 거예요. 내가 학교에 있을 때의 일이 생각나네요. 무더운 여름날 학생들의 눈이 수초 사이에 떠있는 붕어 눈처럼 어벙벙 하길래 각자 자기 꿈 이야기를 나누자고 했어요. 그랬더니 아이들 눈에 빛이 돌아오던데요. 학생들의 꿈의 무늬는 참 다양했어요. 호텔 여사장이 되겠다는 화려한 꿈으로부터, 지금도 현역인 어느 정치인의 아내가 되겠다는 당돌한 아이까지… 어떤 아이는 자기는 어떻게든 대학에 가야한대요. 그래서 추임새를 넣는 기분으로 '왜?' 하고 물었더니, 대학가요제에 나가야 하기 때문이래요. '그 다음에는?' 하고 물었더니 졸업하는 날 바로 결혼할 거래요. 그 이유가 뭔지 아세요? 주부가요열창에 나가기 위해서래요. 그러자 교실은 폭소의 도가니가 되었어요. 농담 반 진담 반으로 그런 이야기가 이어지다가, 어느 학생 순서가 되자 아이들 눈에 일순 긴장의 빛이 감돌았어요. 그 학생은 소위 좀 노는 아이였거든요. 과연 저 아이가 일어나서 자기의 꿈 이야기를 할까 다들 궁금한 표정이었어요. 그런데 그 아이는 천천히 자리에서 일어나더니 다소 뜸을 들이다가 '나는 어른다운 어른이 되는 게 꿈이에요' 하고 말했어요. 그 낯설고도 예기치 않은 대답에 아이들은 웃어야 할지 말아야 할지 몰라 내 표정을 힐끔거렸어요. 나는 이야기를 거드느라고 물었지요. '어른다운 어른이 어떤 건데?' 그러자 즉시 이런 대답이 돌아왔어요. '자기 말과 행동에 책임을 질 줄 아는 사람이요.' 그리고 아이는 자리에 앉았어요. 뭔가 둔중한 것으로 한 대 맞은 것 같은 느낌이 들었어요. 그 아이의 말 망치가 내 정수리를 친 거지요. 나중에 알았어요. 그 학생의 아버지는 몇 년 전에 집을 나가버렸고 어머니는 자포자기적인 심정으로 살아가고 있었어요. 그때부터 나는 '어른' 하면 자기 말과 행동에 책임을 질 줄 아는 사람을 떠올리게 돼요."

"저는 어른이 된다는 걸 가벼워진다는 말로 이해하고 싶어요."

"물론 참을 수 없는 존재의 가벼움은 아니겠지요?"

"그럼요. 자유로워진다고 할까요? 집착으로부터 벗어난다고 할까요? 사실 나이가 들어서도 뭔가에 집착하는 것을 보면 추하다는 생각이 들어요."

"두고 볼게요. 나중에 나이 들어서도 그렇게 말씀하실지."

자아가 속절없이 무너질 때

"정현종 시인의 〈마른 나뭇잎〉이라는 시 아시지요? 짧은 시인데 촌철살인이라고, 깊은 울림을 주더라구요. '마른 나뭇잎을 본다.//살아서, 사람이 어떻게/마른 나뭇잎처럼 깨끗할 수 있으랴.' 저도 때가 되면 깨끗이 질 줄 아는 사람이 되고 싶어요."

"덜 떨어진 사람 소리 듣기 싫은 거지요?"

"그게 무슨 말씀이세요?"

"꼭 붙잡고 놓지 않는 게 덜 떨어진 거라면서요?"

"아하!"

"우리 삶이 누추해지는 것은 지켜야 할 자아가 너무 강하기 때문일 거예요. 자아, 그것은 우리 삶의 울타리처럼 보이기도 하지만 사실은 우리를 가두는 벽이자 올무이지요. 지나온 삶의 퇴적물인 자아는 마치 프랑켄슈타인처럼 자율적으로 움직이려 하지요. 어쩌면 우리는 모든 것을 다 잃는 한이 있더라도 자아의 울타리는 무너뜨리지 않으려고 하지요."

"왜 그럴까요?"

"자기의 실상과 대면하기 싫어서가 아닐까요? 아우구스티
누스의 말이 떠오르네요. 그는 친구인 뽄띠치아누스의 말을
들으면서 마음이 뜨거워지지요. 그는 그때의 경험을 이렇게
고백하고 있어요.

> 그가 말하는 동안 주여, 당신은 나를 내 자신 안으로 돌이키게
> 하셨습니다. 자신을 살피기가 싫어서 여태 내가 있던 내 등뒤
> 에서 나를 떼쳐서 바로 내 얼굴 앞에다 나를 세워놓으셨습니
> 다. 얼마나 추하고 일그러지고, 더럽고 때 끼었고, 종기투성이
> 인지 보아라 하시는 것이었습니다.

이걸 처음 읽었을 때 솔직히 기가 턱 막히더라구요. 남의
이야기가 아니라 바로 제 이야기였어요. 지금도 마찬가지 아
닌가 하는 생각에 가끔 아득해지기도 해요. 사람들은 거울
앞에 서서 제 얼굴은 들여다보면서도 제 마음은 한사코 들여
다보려 하지 않지요. 제 본 모습을 볼 자신이 없기 때문에,
자아의 울타리를 세우고 그 뒤에 숨어버리는 거지요."

"그러니까 채 준비도 안 됐는데, 자아가 속절없이 무너질
때 사람들은 살아갈 용기를 잃게 되는 건가요?"

"글쎄요, 참담하겠지요. 문제는 그 이후예요. 무너진 자아의 잔재를 끌어 모아 어떻게든 그것을 재구성해보려고 애를 쓰는 이들도 있어요. 참 안쓰러운 노력이지요. 하지만 아까 말씀하신 대로 자발적으로 버리지는 못했지만, 외부의 충격으로라도 그 감옥이 무너진 것을 홀가분하게 생각하면서 새로운 삶을 꿈꾸는 사람도 있어요. 이런 이들은 어느 정도는 자기 삶에 여백을 만들었던 사람들이겠지요."

인간의 위대함(?)

"저는 가끔 속절없이 세상을 버리는 사람들을 볼 때면 가끔 생텍쥐페리의 《인간의 대지》에 나오는 이야기가 생각나요. 거기서 그는 1935년에 파리와 사이공 사이의 장거리 항로 개척 비행 중에 북아프리카의 리비아 사막 한복판에 추락했던 자신의 경험을 자세히 기록하고 있어요. 산채로 모래바다 위에 내던져진 것만도 기적이었지요. 침착한 그는 치밀한 과학자의 계산으로 가능한 모든 방법을 모색하여 인간의 세계로 되돌아갈 길을 찾아 헤맸대요. '습도가 낮은 이곳에서 이대로 가면 24시간이 지나면 목숨이 가랑잎처럼 말라버릴 것이다. 하지만 지금 동북풍이 바다 쪽에서 불어오니 습도는 약간 높아질 것이다. 그래, 동북쪽으로 가자.' 그는 밤에는 낙하산 천을 찢어 모래 위에 깔아놓았다가 새벽에 이슬을 짜서 목을 축였대요. 그러나 며칠이 지나면서 구원의 여망은 보이지 않았어요. 냉철한 그는 마지막 방법을 쓰기로 했어요. 비행기의 잔재를 태우는 것이었지요. '세상에서 불을 다룰 수 있는 동물은 오직 인간뿐이니, 누군가가 사막에서 일어나는 불꽃을 본다면 우리는 구원받을 수도 있을 것이다.' 그는 누군가가 찾아와 주기를 고대했어요. 그러나 아무도 그를 찾아오지 않았어요. 다음 날 그는 다시 걷기 시작했어요. 그대로 포기하고 싶은 생각이 순간순간 다가왔겠지요. 하지만 그의 뇌리에 떠오른 것은 라디오 앞에 앉아 이지러진 얼굴로 절망에 잠겨 기다릴 아내의 얼굴과 불안과 초조에 사로잡힌 친구들의 얼굴이었대요. 그때 섬광처럼 '조난자들은 내가 아니라 바로 그들이다. 내가 그들을 구해야 한다'는 생각이 떠올랐대요. 죽음의 순간에 그는 자기보다 더 큰 존재의 실상에 마주쳤던 것이지요. 죽고 싶고, 포기하고 싶은 생각이 들더라도 살아야 하는 까닭은 어쩌면 우리와 관계를 맺고 있는 이들 속에서 찾아야 할지도 모르겠어요."

"와, 이제 보니 이야기꾼이시네요."

"놀리지 마세요."

"놀리는 게 아니에요. 아무튼 나의 생명은 나 혼자만의 것이 아니라는 생각을 가질 필요가 있을 것 같아요. 아니, 이건 생각의 문제가 아니라 깨달음의 문제이겠네요. '천지동근(天地同根)'이니, '만물일화(萬物一華)'니 하는 어려운 말을 굳이 하지 않더라도, 우리가 허무의 심연으로 떠내려가지 않는 것은 언제나 곁에 '너'가 있기 때문이지요. 때로는 귀찮게도 생각되고, 사르트르가 외쳤듯이 타인이 지옥처럼 느껴지더라도 말이에요. 결국 내 생에 대한 결정권은 나만의 것일 수는 없다는 말이지요."

"이야기가 어째 늘 듣던 결론으로 가는 것 같네요."

"별 수 있나요. 한 우물에서 나오는 물맛이 비슷할 수밖에요."

"오해하지는 마세요. 진부하다는 뜻은 아니니까요. 그런데 정말 인생은 살 만한 것일까요?"

"아니, 왜 이러세요. 다시 원점으로 가자는 거예요? 어쨌든 그런 물음에 대해서 어떤 분은 정답이 없는 문제를 붙들고 씨름하느라 세월 보내지 말고, 눈앞에 보이는 일을 붙들고 성심껏 살라고 하더군요."

"나는 그래도 인간이 위대했으면 좋겠어요."

"어떤 게 위대함일까요? 그리스 비극은 자신이 지닌 가능성을 끝까지 밀고 나가 눈을 크게 뜨고 파멸될 수 있다는 것을 인간의 위대함으로 제시한대요."

"십자가를 향해 돌아서면서, '이제는 일어나 가자' 하셨던 분처럼요?"

"그래요, 이제 일어나 가지요. 해 지겠어요."

그대는 한 송이 꽃

인생은 살만한가

"아브라함 요수아 헤셸은 진실을 외면하는 사람,
그들의 텅빈 영혼보다 텅빈 주머니에 더 마음을 쓰는 이들을
보면서, '인간의 영혼이 타락하여 한 조각의 고깃덩어리가
되었다'고 했더군요. 그의 말을 들을 때마다
저는 가슴에 전율을 느껴요. 그는 진실은 땅에 묻혀 있다고
말해요. 그런데 우리에게 들려오는 것은 진실이 묻혀 있는
땅의 껍질을 다지는 인간들의 발자국소리인 거죠."

"그러니까 눈을 똑바로 뜨고 지켜보아야지.
니코스 카잔차키스가 대추야자나무에 매달린 사람들의
처참한 모습을 바라보았던 것처럼. 모두가 잠이 들어도
정신을 차리고 깨어있는 이들이 있는 한 희망은 있을 거야.
그리고 우리가 늘 염두에 두어야 하는 것은 역사의 주인은
공의의 하나님이라는 사실이야. 하나님을 배제한 채 행하는
인간의 일들을 보면서 하늘에 계신 분이
웃으신다고 하지 않든? 그 웃음소리를 듣는 귀가 열려야
역사적 지성을 가진 사람이라 할 수 있을 거야."

기억과

망각 사이

참담한 부끄러움의 재 속에서

"오늘 아침에 하박국을 읽었는데 3장 13절에 나오는 말씀이 제게는 좀 섬뜩하더라구요."

"어떤 내용이지?"

"주께서 주의 백성을 구원하시려고, 기름 부음 받은 자를 구원하시려고 나오사 악인의 집머리를 치시며 그 기초를 끝까지 드러내셨나이다."

"뭐 찔리는 일이 있나 보지?"

"아니 그런 건 아니고요, '그 기초를 끝까지 드러내셨나이다' 하는 대목에서 뿌리를 드러낸 나무(露根)의 안쓰러운 모습이 떠올랐거든요. 언젠가 말씀하셨잖아요, 나무를 살리는 것은 뿌리인데, 그 뿌리는 땅에 숨겨져 있어야 제 구실을 할 수 있다고요."

"그런 말을 다 기억하고 있구나. 제법인데."

"안 듣는 것 같아도 다 듣는다니까요."

"그 구절을 들으니까 나도 속이 편치는 않다. 굳이 '악인'을 자처할 생각은 없지만 여하튼 하나님이 내 인생의 집머리를 치시면 그 기초까지 드러날 수밖에 없다는 생각만 해도 오싹하다. 내 인생의 집이 얼마나 부실한 토대 위에 세워졌는가가 드러나면 다른 사람들은 고사하고 나 스스로에게도 부끄러울 것 같아서 말이야."

"그렇게 서해바다처럼 쓸쓸한 목소리로 말씀하시면 어떡해요? 내가 좀 엄살을 피우고 싶어 다가가도 얼른 자기 반성 속으로 도피하시니 말이에요."

"내가 그랬나? 미안하다. 그런데 뭐 걱정되는 일이라도 있니?"

"걱정보다도 화가 나서요. 요즘 정치인들이 하는 양을 보고 있노라면 아나키스트들의 심정이 이해가 간다니까요? 특히 '친일진상규명법'인가요? 3·1절을 앞두고 우여곡절 끝에 통과된 그 법안을 훑어보면서 '눈 가리고 아옹' 한다는 말을 실감하게 되었어요. '해묵은 상처를 건드려 덧낼 필요가 뭐가 있냐, 우리도 그 시대에 살았더라면 똑같이 처신할 수밖에 없었을 거다, 다 나라와 민족을 위해서 한 일이다.' 이게 내가 살고 있는 나라의 소위 어른이라는 사람들의 수준이구나 하고 생각하니 암담해요."

"그래, 그런 생각이 들만도 하지. 나도 때로는 암담한 생각에 사로잡힐 때가 많으니 말이야. 하지만 나는 지금의 역사적 혼돈을 긍정적으로 봐. 어쩌면 우리가 잃어버렸던 정신적 주체성을 되찾을 수 있는 좋은 기회인지도 몰라. 병든 터전 위에 새로운 집을 지을 수는 없지 않겠니? 나는 오랫동안 망각의 늪 속에 잠겨있던 역사의 진실이 수면 위로 드러날 때마다 하나님이 가인에게 하셨던 말씀이 떠오르더라. '네 아우의 핏소리가 땅에서부터 내게 호소한다.' 참 무서운 말씀이야. 노근리 학살 사건, 제주도 4·3사태, 거창 양민학살사건, 그리고 친일파들의 행적 등…. 부끄럽고 원통한 마음이야. 지금까지 아무 일도 없는 것처럼 앞만 보고 달리느라고 죽은 이들의 하소연에도 귀를 막고, 살아있는 이들의 절통한 사연에도 눈을 가리고 살아온 거지. 하지만 역사는 지나가 버린 것이 아니야. 함석헌 선생님은 이런 말씀을 하셨어. '그것은 결코 지나간 것이 아니다. 현재 안에 아직 살아 있다. 완전히 끝맺어진 것이 아니라 되어가고 있는 것이다'(《뜻으로 본 한국역사》, 39쪽). 어떠한 역사도 완료형이 아니야. 그것은 사람들의 기억을 통해 지금과 관계를 맺지. 어떻게 해야 할까? 이 못난 민족의 눈물의 역사에 눈을 감아버릴까? 하지만 그것은 정신의 비겁일 뿐이야. 무덤에 회칠을 하는 사람들처럼 역사를 미화해야 할까? 그건 자기 기만이지. 두 눈 똑바로 뜨고 우리의 부끄러운 역사를 직시해야 해. 그러면 그 참담한 부끄러움의 재 속에서 새로운 정신이 움터나올 거야."

망각의 매혹을 떨치고

"그런데 한사코 숨기고 덮어두려고 하는 이들이 있으니 문제지요. 어느 유명한 언론인은 친북이 친일보다 열 배는 나쁘다고 했더군요. 인터넷 신문으로 읽어봤는데, 가관이었어요. '친일은 거의가 일제의 강압에 의해 이뤄졌고 거의가 일본이 태평양 전쟁에서 이길 것이란 정보 부족 사태에서 이뤄졌다.' 그래서 어쨌다는 거죠. 우리가 어떤 사람의 처지를 아픔을 가지고 이해하는 것과 잘못을 호도하는 것은 전혀 다른 거잖아요? 사람은 생각하는 대로 사는 것이 아니라 사는 대로 생각한다더니, 자기가 서있는 입장에 따라서 똑같은 현실을 어찌 그리 달리 볼 수 있는지 모르겠어요. 그래서 저는 인간의 지성에 대해서 점점 회의적으로 되어가고 있어요. 합리적이고 보편적인 이성은 간 데 없고, 편가르기에 입각한 자기 합리화나 억지 논리가 지성일 수는 없으니까 말이에요. 드레퓌스 사건 때 보여준 프랑스의 지성인들의 태도까지는 기대하지 않아요. 다만 곡학아세하지는 말아야지요. 펜을 꺾든가."

"바로 그게 우리 사회의 병리현상의 뿌리일 거야. 지성은 덧칠하는 게 아닌데. 너무나 많은 지식인들이 강자의 이익을 대변하고, 또 기득권자들의 행태를 정당화하면서 밥벌이에 열을 올리지. 종교까지도 그런 대열에 가담하고 있으니 답답한 노릇이다."

"거짓 종교는 사람들을 잠들게 하지만, 참 종교는 사람들을 깨운다면서요? 언젠가 비동일성의 고통에 대해 말씀하신 적이 있어요. '현실의 나'와 '이상화된 나' 사이에 놓인 비동일성의 고통을 잊으려고 사람들은 즐겨 망각을 택한다는 내용이었던 것 같아요. 사람들이 술과 오락, 마약이나 향락에 빠지는 것은 그것이 정직한 자기 얼굴과 대면할 순간을 지연

시켜 주기 때문이겠지요? 종교도 기억보다는 망각의 전략을 사용할 때가 많은 것 같아요."

"호메로스의 《오뒤세이아》 이야기를 들려주었던 모양이구나. 이 책에서 오뒤세우스 일행은 마녀 키르케의 섬에 올라가는데 거기서 오뒤세우스의 부하들은 키르케가 주는 음료수를 마시고 돼지로 변해버린단다. 문제는 그들이 돼지의 외모와 털과 목소리를 가지게 되었으나, 분별력만은 여전하여 예전과 다를 바 없었다는 것이다. 돼지의 몸을 가진 인간이라는 이 기묘한 비동일성은 결국 선택 앞에 사람을 서게 하지. 인간이었다는 기억을 잊어버리고 돼지로서 살아갈 것인가, 아니면 고통스럽더라도 끝까지 기억을 유지할 것인가? 트로이 전쟁에 참여했던 오뒤세우스가 고향인 이타카로 돌아가는 길에 생긴 여러 가지 이야기를 엮은 이 놀라운 서사시는 기억과 망각에 대한 또 다른 이야기를 들려준다. 한 번은 풍랑을 만나 표류하던 오뒤세우스 일행이 파도에 떠밀려 어느 해안가에 당도하는데, 그곳은 로토파고이족의 땅이었대. 섬의 주민들은 오뒤세우스의 부하들에게 로토스를 먹으라고 주었어. 꿀처럼 달콤한 로토스를 먹은 사람들은 귀향은 까맣게 잊어버리고 그곳에 머물기를 원했어. 오뒤세우스는 울고불고하는 이들을 억지로 잡아끌어 노젓는 자리에 묶고는 배를 저어 그곳을 떠나버렸지."

"그 섬 참 매혹적이네요. 혹시 어딘지 아세요?"

"왜 가보게? 사는 게 많이 힘든 모양이다."

"힘들지요. 아무튼 즐겁고 아름다운 기억을 가지고 있다는 것은 참 좋은 일이지만, 부끄럽고 고통스러운 기억을 유지한다는 것은 여간 힘겨운 일이 아닐 거 같아요."

"개인의 삶에서 일어나는 도피적 망각은 한 존재의 영적 건강을 위협하지만, 역사 속에서 벌어진 일들에 대한 망각은 훨씬 더 위험하지. 그런데도 사람들은 즐겨 로토스를 먹으려 하지. 망각은 기억보다 달콤하니까. 그런데 망각보다 더 위험한 것은 왜곡된 기억의 주입이야. 친일파들이 애국자로 둔갑하고, 독립운동가들과 그들의 후손들이 역사의 변방에 유폐되어버린 것, 이보다 가혹한 일은 없을 거야. 나는 지금 우리가 감당해야 할 역사적 소명은 '망실된 기억의 복원'과 '왜곡된 기억의 바로잡음'이라고 생각해. 그 시절을 몸으로 살아냈던 이들이 하나둘 세상을 떠나기 전에 그들의 몸에 새겨진 아픈 기억들을 되살려내는 것은 한풀이의 기능이 아니라, 오늘의 역사를 바로 세우는 일이 될 거야."

그대는 한 송이 꽃

땅에 묻힌 진실을 캐내며

"내년이면 3·1운동이 일어난지 100년이 되는 해인데, 좀 바보스러운 질문이지만 기억을 되살리는 게 오늘의 역사 바로 세우기와 어떻게 연관되지요?"

"정말 바보스러운 질문이구나. 하지만 어쩌겠니? 그게 우리 교육의 문제이니. 우리가 잊지 말아야 할 것은 과거는 과거로 흘러가 버리는 데 그치는 것이 아니라, 지금도 여전히 보이지 않게 우리 삶을 규정하고 있다는 점이야. 너도 언젠가 말했지. 술이 거나해지면 일제시대에 배웠던 노래를 향수에 가득 찬 음조로 부르는 분들을 보면 화가 난다고. 그건 그저 거리가 미를 창조한다는 말이 있듯이, 옛 시절에 대한 아련한 향수일 수 있어. 하지만 정작 심각한 문제는 일제에 부역하던 이들의 후손들이 지금도 사회의 지도층을 형성하고 있다는 사실이야. 그리고 일제를 거치면서 우리 속에 내면화된 자기비하의 감정이 여전히 지금도 맹위를 떨치고 있다는 사실이지. 지금은 국민학교라는 용어가 폐기되었다만 우리는 해방된 지 50년이 넘도록 '국민학교'라는 말에 담긴 어두운 이데올로기를 떨쳐버리지 못했던 거야. '국민'이라는 말은 황국신민이라는 이데올로기를 지탱하기 위해 동원되고, 통제되고, 조작될 수 있는 집단을 뜻하는 단어였단다. '국민'이라는 말의 대척점에 있는 단어는 '비국민'일 텐데, 국가가 제시하는 이데올로기에 복속되기를 거절하는 사람들에게는 '비국민'이라는 낙인이 찍혔던 거지. '비국민'의 낙인 가운데 가장 선명한 것이 뭔지 아니?"

"빨갱이라는 말이요?"

"제법인데. 그래, 우리는 오랫동안 빨갱이라는 말에 가위눌려 지내왔지. 반공이 국시인 나라였으니 말이야. 우리가 '나'와 다른 '남'을 용납하지 못하는 것은 오랫동안 가르고 배제하는 데 익숙한 세상에서 살았기 때문일 거야."

"얼마 전 텔레비전에 나오신 어느 독립운동가 할아버지가 아직도 우리 조국은 해방을 체험하지 못했다고 하시는데, 가슴이 찡했어요. 친일파들이 훈장을 받는 것을 보고는 3·1절 기념식장에 한 번도 안 가셨대요."

"그래, 이제야말로 진실이 규명되고, 역사가 바로 서야 할 때야."

"아브라함 요수아 헤셸은 진실을 외면하는 사람, 그들의 텅빈 영혼보다 텅빈 주머니에 더 마음을 쓰는 이들을 보면서, '인간의 영혼이 타락하여 한 조각의 고깃덩어리가 되었다'고 했더군요. 그의 말을 들을 때마다 저는 전율을 느껴요. 그는 진실은 땅에 묻혀 있다고 말해요. 그런데 우리에게 들려오는 것은 진실이 묻혀 있는 땅의 껍질을 다지는 인간들의 발걸음 소리인 거죠."

"그래서 필요한 것이 진실을 찾아 어둠 속으로 들어가는 증인들이지. 증인들의 행렬이 오늘에서 내일로 끊임없이 이어진다면 언젠가 진실은 드러나게 마련이지."

참회와 속죄 없이는

"그런데 진실은 늘 아픈 거잖아요?"

"아픔을 견디면서 현실을 직시하게 될 때 우리 역사는 조금씩 발전해 갈 거다. 그리스 작가 니코스 카잔차키스의 전기를 읽다보니까 이런 대목이 나오더구나. 터키인들이 그리스의 기독교인들을 살해하는 무서운 밤이 지난 후 카잔차키스의 아버지는 어린 아들을 데리고 핏자국이 흥건한 거리를 지나 커다란 고목 대추야자나무가 있는 마을의 중앙 광장으로 갔어. 그 나무에는 목이 매달린 사람들이 흔들거리고 있었는데, 그들은 맨발에 속옷만 걸쳤고, 짙푸른 혓바닥이 입에서 축 늘어져 있었어. 어린 니코스는 차마 그 광경을 볼 수가 없어서 얼굴을 돌리고 아버지의 무릎에 매달렸어. 그러나 아버지는 아들의 머리를 꽉 잡고는 대추야자나무 쪽으로 돌렸어. 그리고 그들을 똑바로 보라고 외쳤지. '죽을 때까지 목이 매달린 이 사람들이 절대로 네 머릿속에서 사라지게 하면 안 된다. 알겠지!' 공포에 질린 아들이 물었어. '누가 그들을 죽였어요?' '자유가 죽였어!' 이 짧은 한 마디가 니코스 카잔차키스의 한 평생의 주제가 되었어. 아버지와 아들이 집으로 돌아갔을 때 어머니가 어디에 다녀왔냐고 물으니까 아버지는 무뚝뚝하게 대답했어. '예배를 드리러 갔었지.' 벌써 읽은 지 25년쯤 된다만 나는 이 대목을 잊을 수가 없어."

"무섭네요. 자유의 나무는 피를 먹고 자란다는 말이 생각나네요. 그러고 보면 우리 젊은이들은 너무 안일한 게 아닌가 싶네요. 어쩌면 우리들은 가슴에 각인된 뚜렷한 기억이 없어서 불행할 수도 있구요."

"별 소리를 다 하는구나."

"배부른 자의 헛소리라고 생각하지 마세요. 우리의 정신이 빈곤한 것이 어쩌면 기억의 빈곤 때문이 아닌가 싶어서 그래요."

"기억의 빈곤이라? 네가 그 말을 하니까 서독의 대통령이었던 폰 바이츠제커의 말이 생각나는구나. 그는 1985년 5월 8일 종전 40주년을 맞아 국회에서 이런 연설을 했단다. '지나간 일은 수정되거나 백지화될 수는 없다. 그렇지만 과거에 대해서 눈을 감는 사람은 현재에 대해서는 장님이 된다.… 참회와 속죄 없이는 구원받지 못한다는 것을 명심해야 한다.… 과거를 기억함은 역사를 통한 하나님의 증언이다. 그것은 속죄의 원천이다.… 이 증거를 망각하는 자는 내일에 대한 믿음을 상실하게 마련이다.' 여기에 비하면 이제 매년 신사를 참배하겠다는 당시 일본 고이즈미 총리의 발언은 얼마나 한심한지 모르겠다. 노벨 문학상 수상작가인 오에 겐자부로가 뭔가 늘 비웃는 듯한 표정을 짓고 있는 고이즈미를 신랄하게 비판한 까닭이 무엇인지 알 듯도 하더라. 아까 네가 인용했던 하박국의 한 구절이 떠오르는구나.

네가 여러 민족을 멸한 것이 네 집에 욕을 부르며 너로 네 영혼에게 죄를 범하게 하는 것이 되었도다. 담에서 돌이 부르짖고 집에서 들보가 응답하리라(하박국 2:10-11).

약탈한 것으로 멋진 집을 지어보았자 그게 스위트 홈이 될 수는 없다는 말이지. 담에서 부르짖는 돌의 외침과 거기에 화답하는 들보의 탄식을 듣지 못한다면 만물의 영장이라는 우리의 자랑이 대체 무슨 의미가 있겠니?"

"사실 자기의 잘못을 인정하고 참회한다는 게 말처럼 쉽진 않은 것 같아요. 때로는 나의 잘못이 명백한 데도 자존심 때문에 오히려 언성을 높일 때도 있거든요. 정치인들이 일반 대중들의 상식에도 못 미치는 언행을 하는 것을 볼 때마다 '저게 저 분들의 본심일까' 하는 생각이 들어요. 만약 그렇지 않다면 그들은 자기들의 정파의 이익을 위해서 가면을 쓰고 행동하면서, 그 대신 자기 동일성을 잃어버리는 것이 아닌지 모르겠어요."

"그래, 어쩌면 현실 정치인들에게 중요한 것은 '진실'이 아니라 '이익'인지도 몰라. 그들에게 참회와 속죄는 종교적 영역에 국한된 말인지도 몰라."

"비참하네요. 꼭 그렇게 살아야 하나요? '진리가 너희를 자유케 하리라'는 말씀을 '진실이 너희를 자유케 하리라'는 말로 푸신 적이 있지요? 진실은 안팎이 일치되는 것이고, 안팎이 일치될 때 비로소 아무 것도 두려워할 게 없으니 내적인 자유를 얻게 된다구요?"

"별 걸 다 기억하고 있구나. 여하튼 고맙다. 내 말을 흘려 듣지 않았으니."

"그나저나 친일진상규명법이 통과되었다고는 하지만 정말 실효를 거둘 수 있을까요? 아무래도 안팎의 방해가 워낙 커서 유야무야되고, 또 적극적인 친일분자들이나 소극적인 부일배(附日輩)들에게 면죄부를 주는 계기가 될까 봐 겁이 나요."

"그러니까 눈을 똑바로 뜨고 지켜보아야지. 니코스 카잔차키스가 대추야자나무에 매달린 사람들의 처참한 모습을 바라보았던 것처럼. 모두가 잠이 들어도 정신을 차리고 깨어있는 이들이 있는 한 희망은 있을 거야. 그리고 우리가 늘 염두에 두어야 하는 것은 역사의 주인은 공의의 하나님이라는 사실이야. 하나님을 배제한 채 행하는 인간의 일들을 보면서 하늘에 계신 분이 웃으신다고 하잖든. 그 웃음소리를 듣는 귀가 열려야 역사적 지성을 가진 사람이라 할 수 있을 거야."

"요즘 저는 말 못 할 고민이 생겼어요.
제가 아는 사람은 신실한 기독교인이거든요.
그런데 그 사람에게서 엄청난 모순의 행동을 볼 때가 많아요.
어떻게 그를 대해야 할지 어떨 땐 두렵기도 해요."

"돌처럼 굳은 마음은 세상의 아픔에 예민하지 않아요.
은총 안에서 회복된 사람은 세상의 아픔을 자신의 아픔으로
인식하게 마련입니다. 아파하지 않는다는 것,
바로 그것이 타락한 영혼의 징표인 셈이지요."

색칠해진

새

"목사님, 바람도 차가운데 왜 밖에 나와 계세요?"

"마음도 울적하고 우울한 기분이 들어서요."

"목사님께서 우울하시다니…, 무슨 일이 있으신 거예요?"

"지천명에 이른 목사가 웬 우울 타령이냐고 욕할지 모르겠지만, 제 마음은 분명 잿빛이에요."

"겨울은 잿빛이어서 삭막한 계절이죠. 계절 탓 아니겠어요?"

"겨울이 삭막하기는 하죠. 그렇지만 햇빛이 부족한 겨울 탓은 아니에요."

"그럼 왜 우울하신 것 같으세요?"

"제가 일생을 걸고 붙잡으려던 진실이 가뭇없이 멀어져가는 것만 같기 때문이에요. 아니, 진실은 그곳에 그냥 있을 거예요. 다만 우리가 부평초처럼 세파에 떠밀리고 있을 뿐이겠죠."

"……?"

"전 정말 예수가 좋아서 예수를 따르기로 했어요. 정말로 예수를 닮고 싶었죠. 마음 씀과 말과 궁행실천이 오롯이 그분과 일치하기를 원했어요."

"전 목사님이야말로 정말 예수와 닮으신 분이라고 생각해요."

"그렇게 봐주신다면 고마운 일이긴 한데, 전 제 마음에 일어난 파장을 느낄 수 있어요. 예수를 닮아가는 삶에 대한 그 꿈은 지금도 여전하지만 절실함은 적어졌다는 것을 느끼고 있거든요. 삶이 편안해지면서 예수 정신으로부터 점점 멀어지고 있다는 것을 스스로 느끼면서도 선뜻 돌이켜지질 않는 제 모습이 실망스러워요."

"언뜻 목사님의 표정에서 그늘이 보이긴 했어요."

"아무래도 전 이 우울에서 벗어나기 힘들 것 같아요."

"교회 일이 너무 힘드신 거 아닌가요?"

"저의 우울함은 거기서부터 비롯된 것 같기도 해요. 버림받은 이들의 품이 되어야 할 교회가 쉴 곳을 찾아 날아온 새와 같은 이들에게 상처를 주는 현실은 정말 안타깝거든요. 머리 둘 곳조차 없었던 예수는 모두의 품이 되어 주셨지요. 그러나 부유하게 된 많은 교회들은 오히려 그 품을 잃어버렸어요.."

"그래도 교회는 구제 사업에 열심이지 않나요?

"교회가 돈으로 하는 구제 사업이나 세련된 행사가 그 품은 아니지 않은가요?"

"물론 그렇긴 하지요."

"정호승의 〈서울의 예수〉란 시가 있어요. 그 시에서 화자인 예수는 이렇게 탄식하지요. '목이 마르다. 서울이 잠들기 전에 인간의 꿈이 먼저 잠들어 목이 마르다. 등불을 들고 걷는 자는 어디 있느냐' 그렇게 묻는 예수에게 대답할 말이 없어요."

"오래전 시로 기억하는데, 지금의 현실에서도 정말 그렇군요."

"언젠가 시청 앞에 모여 있는 일군의 목회자들을 봤어요. 그들은 사학법 제정을 반대한다면서 시위를 하고 있었는데, 시위가 끝난 뒤 바퀴 달린 십자가를 끌고 거리를 행진하더군요. 성직자라는 사람들이 내보인 그런 철면피 모습에 같은 목사로서 부끄러웠어요. 그것 말고도 또 부끄러운 모습을 보였지요. 성탄절을 앞두고 사학법 철폐를 요구하며 삭발을 단행한 교단장들의 몰상식한 행동…, 정말 얼굴을 들 수 없게 하더군요."

"한국교회의 부끄러운 한 모습이죠. 저는 화가 나더라고요."

"어느 때부터인가 개신교회는 세상 사람들에게 타매의 대상이 된 듯해요. 전래 이후 계몽의 주체였던 개신교회가 이제는 계몽의 객체로 전락한 듯해요."

"세상의 빛과 소금이 되어야 할 교회가 오히려 비난의 대상이 되어버렸어요."

"한국 사회에서 신뢰 지수가 가장 낮은 집단으로 인식되고 있는 사람들이 정치인인 건 알고 있죠? 그런 정치인들조차 선거법을 위반하면 옷을 벗을 수밖에 없는 게 현실이에요. 하지만 교계에서는 교단장을 뽑는 선거에 금품이 오가는 관행이 여전히 지속되고 있는 것이 현실이에요. 부도덕한 교역자들의 이런저런 일탈 행위가 발각되어도 그들은 끄떡하지도 않죠."

"정말 상종 못할 위인들이 목회자라는 사실이 서글퍼요. 그들이 부끄러움조차 느끼지 않는 것은 왜일까요?"

"불행하게도 그들에게 힘이 있기 때문이죠. 지금 동원력이 있고, 사람을 동원할 수 있는 능력이 있기 때문이지요."

"슬픈 현실이네요."

"슬프게도 우리는 지금 플라톤의 《국가 정체》에 나오는 트라시마코스의 제자가 되고 있어요. 그는 '정의란 더 강한 자들의 이익'이라고 말했거든요."

"그런데 이런 얘기를 들었어요. 어떤 목회자가 불순한 사상 때문에 교회에서 쫓겨날 위기라는 얘기 말이에요. 목사님은 혹시 이 일에 대해 들어본 적이 있으신가요?

"참 어이없는 일이죠. 그분은 근 30여 년 세월을 목회에 전념해 온 분인데, '친북반미' 혐의(?)로 교회에서 쫓겨날 상황이라고 해요. 사실 그건 그분이 만든 책 한 권이 빌미가 됐어요. 그분은 세계감리교대회를 위해 기도하다가 분단조국의 현실을 참석자들에게 알리고 한반도의 통일과 화해에 관심을 가져달라는 뜻에서 〈사진으로 본 분단 60년〉이라는 책자를 만들었거든요. 그런데 그 책에 담긴 내용이 보수적인 목회자들과 장로들의 검열에 걸려들었던 모양이에요. 그들은 즉시 그 책의 배포를 중지시켰고, 책의 편집자인 목사에게 '친북반미'라는 꼬리표를 달았어요."

"여전히 한국 사회에서 '친북반미'이라는 말은 무서운 말이지요."

"지금 우리 사회에서 '친북반미'라는 말은 프루크루스테스의 침대가 되어 사람들의 의식을 불구로 만들어 버리고 있지요. 그 말은 어떠한 합리적인 대화도 토론도 허용하지 않는다는 것을 잘 알고 있지요? 대화는 성찰을 위한 거리를 전제로 하는 것이잖아요. 하지만 그 말은 사람들의 견해가 자기 기준에 부합하는가, 그렇지 않은가를 물을 뿐 스스로를 반성적으로 돌아보지 않는 자폐적인 말일 뿐이에요."

"참으로 두렵고도 우울한 일이에요."

어쩌다 이 지경까지 이르렀는지…

"요즘 각 교단들의 총회가 열리고 있잖아요? 그런데 총회가 하는 결의들을 보면 한국 개신교회가 아주 퇴행적이라는 사실을 만천하에 드러내고 있는 꼴이에요. 동성애 문제만 해도 그래요. 동성애를 척결하는 일이 마치 기독교와 문명의 사활이 걸린 것처럼 호들갑을 떨고 있거든요. 심지어 동성애자와 그 지지자는 장로나 권사, 집사 등의 직분을 줄 수 없고, 신학교 입학을 불허하고, 세례도 줄 수 없다고 결정한 교단도 있어요."

"어쩌다 이 지경까지 이르렀는지…"

"신학교 교수들이 특정 교리를 문자 그대로 믿는지 일일이 검증하자는 제안도 나왔어요. 신학을 교권 아래 종속시키려는 시도가 꾸준하게 자행되고 있다는 증거지요. 다양한 목소리는 용인되지 않아요. 하나님의 뜻을 교리적 언어 속에 담아 박제하려는 시도가 힘을 얻고 있는 거예요."

"참으로 갑갑하네요."

"오직 하나의 목소리만 허용될 때 교회는 진리의 무덤이 되고 말 거예요. 바벨탑을 쌓는 어리석음이 지금 이 땅에서 벌어지고 있는 거죠."

"제가 듣기론 어느 교단에서는 요가와 마술을 금지하는 결정을 했다고 해요."

"참 한심스런 이유에서인데, 요가나 마술이 다른 종교 혹은 속임수에 기초한 것이어서 그렇다는군요. 그러자 한편에서는 속임수를 사용하는 야구도 금지하고, 축구의 속임수 동작도 제한해야 한다는 조롱조의 말들까지 돌고 있어요."

"조롱을 당해도 할 말 없지요. 또 다른 얘기는 들은 거 없어요?"

"왜 없겠어요? 여성 안수는 성경적이지 않다면서 여전히 거부감을 드러내잖아요? 그러면서도 주일학교 인원이 줄고 있으니 교인들에게 출산을 독려해야 한다는 권고안까지 나왔어요. 갈수록 가관이라더니 이혼 후 재혼은 간음이라고 규정한 교단도 있어요. 신학교 교수들이 일 년의 연구 끝에 내린 결론이라고 하면서요."

"목사님, 이러다가 교회만 중세 이전으로 돌아가고 있는지도 모르겠어요."

"가슴이 미어져요. 우리가 믿는 하나님, 우리가 믿는 예수님이 정말 이런 결정들을 보고 기뻐하실까요? 사회는 빠르게 변화하고 있는데, 교회는 오히려 퇴행하고 있으니 한심스럽기 짝이 없어요. 믿음을 지킨다는 명분으로 그들이 지키고 싶은 것은 실은 자기들의 종교적 기득권이 아닌지 모르겠습니다. 세상이 인위적으로 만들어놓은 온갖 장벽들을 철폐하여 모두가 소통하는 세상을 연 것이 예수님의 삶인데, 그분의 몸이 되어야 할 교회는 오히려 수많은 장벽을 쌓아올리고 있는 셈이죠. 참으로 자기 배반이 아닐 수 없어요."

"이야기를 나누다 보니 폴란드 출신의 미국 작가인 저지 코진스키(Jerzy Kosinsky)의 책이 떠오르네요. 우리나라에선 《무지개빛 까마귀》로 번역된 그 작품의 원제는 '색칠해진 새'에요."

"어떤 내용이에요?"

"그 소설은 전쟁의 참혹한 상황 속에 버려진 한 아이의 눈으로 보는 세상 이야기에요. 사람이 얼마나 잔인하고 비겁하게 맹목적인지 그 책을 보면 실감할 수 있어요. 소설에 나오는 인물인 새 장수 레흐는 매우 상징적인 캐릭터에요. 그는 욕구불만이 생길 때마다 자기가 팔러 다니는 새 중에서 가장 크고 힘이 센 놈을 골라내 야생화보다 더 알록달록한 색을 온 몸에 칠하지요. 그리고는 새를 숲으로 데려가 목을 가볍게 비틀어버려요. 새가 고통스러워서 삑삑거리는 소리를 내면 같은 종류의 새들이 날아와 초조하게 그 주변을 날아다녀요. 새들이 충분히 모였다 싶으면 레흐는 그 새를 비로소 놓아줍니다."

"그 무슨 해괴한 짓일까요?"

"자유를 누리게 된 새는 기쁨에 겨워 한 점의 무지개처럼 공중으로 날아올라요. 그런데 알록달록한 그 새를 맞은 잿빛 새들은 잠시 혼란을 느껴요. 분명 소리는 같은 동료 새인데, 모습이 영 다르거든요. 알록달록하게 칠해진 새는 자기가 그들의 동료임을 알리려고 더 가까이 새들에게 다가가지만, 새들은 계속 의심의 눈초리를 보내지요. 그러다가 일시에 그 새를 공격해서 죽이고 말아요."

"아, 저런…"

"이 소설을 보면서 전 생각해요. '레흐'는 어디에나 있다는 것을요. 피부색이나 인종, 사상이나 종교의 차이를 빌미로 한 개인 혹은 집단을 악으로 규정하는 사람들이 바로 그들인 거죠. 앞서 얘기한 《사진으로 본 분단 60년》이라는 책을 편집한 목사는 지금 색칠해진 새가 되어 우리 앞에 있는 겁니다. 그를 받아줄 품은 과연 어디일까요?"

"이런 일들이 다반사로 일어난다는 게 심각한 문제인 것 같아요."

"'인간이라 불리는 티끌들 사이에 존재하는 이 모든 사소한 차이들이 증오와 박해의 구실이 되지 않도록 해 주소서'라고 간구했던 볼테르의 기도를 지금 이 땅에서 반복해야 한다는 사실이 정말 곤혹스러워요."

"그런 일이 교회에서 벌어졌다는 사실이 정말 불행한 현실

그대는 한 송이 꽃

이네요."

"어찌하여 오늘날 교회의 언어가 바벨탑의 언어를 닮아 가는지 모르겠어요. 획일화된 말, 계율적인 말, 일사분란한 말이 횡행하는 그 이유는 무엇일까요? 바로 예수를 침묵시켰기 때문입니다. 예수는 경계선을 가로지르며 사셨어요. 유대인과 이방인, 의인과 죄인, 여성과 남성을 가르는 인습적인 경계선을 그분은 아무런 거리낌 없이 넘나드셨지요. 불통의 세상을 소통의 세상으로 만들기 위해 그분은 자기의 삶을 바쳤어요. 하지만 지금 한국 교회의 권력구조는 다양한 소리들을 침묵시키고 있어요."

"너무 추워요. 그런 현실 때문에 찬바람이 더욱 스산하게 느껴져요."

"아직도 겨울공화국인 걸까요? 얼어붙은 땅을 맨발로 걷는 것 같아요. 심지어 오늘날의 이 현실은 예수조차 김지하의 희곡 〈금관의 예수〉에서처럼 금관에 씌워진 채 말을 박탈당하고 있어요."

"하늘이 온통 잿빛이네요. 여전히 이 땅은, 교회는 겨울이 지배하는 공화국같아요."

색칠해진 새

"물론 모든 교회가 다 그렇다는 말은 아니에요. 전 예수정신을 몸으로 살아내기 위해 고투하고 있는 수많은 목회자들을 알고 있어요. 하지만 불행하게도 그들의 목소리는 거의 들리지 않아요. 주류 담론을 장악하고 있는 이들의 소리만 도드라지고 있기 때문이죠."

"예수께서 이 땅에 오시면 무어라 하실까요?"

"그래서 더 예수가 그리워요. 불의한 자들에게는 몰아쳐 그들의 위선을 드러내고 그들의 거짓된 생각을 깨뜨리던 태풍 같은 예수의 그 말이 정말 그리워요. 예수는 가난하고 병들고 지친 이들을 위로하고 어루만져 온전케 하고, 넘어진 이들을 일으켜 세우셨죠. 그 미풍과도 같은 그의 말이 오늘따라 더욱 그리워요."

"조롱과 냉소와 저주의 언어가 신의 이름으로 선포되고 있는 이 현실을 어찌해야 할까요? 예수의 이름으로 예수가 부인되고, 하나님의 이름이 망령되이 일컬음을 받는 이 현실을 어찌해야 할까요? 참으로 암담합니다. 목사님."

"그래서 저의 우울은 더욱 깊어가는 듯해요. 하지만 이제 이러한 우울은 떨쳐버려야 할 때입니다. 믿음의 반대말은

'이제는 어쩔 도리가 없게 되었다'고 말하는 숙명론이란 말이에요. 우리는 믿음의 사람이잖아요. 가슴 속에서 타오르는 희망의 불이 꺼지지 않은 한 희망은 꼭 있을 겁니다."

"네 목사님, 하나의 촛불이 어둠을 몰아내듯 미풍의 따스한 기운이 이 어두운 동토의 땅을 녹일 거예요."

"저도 이 우울을 걷어내고 다짐할 거예요. 그리고 다시 희망의 기운을 느낄 수 있게 이렇게 외칠 거예요. 교회여, 편협한 신앙을 누구보다도 미워했던 예수의 정신으로 돌아가자! 교인들이여, 임마누엘 칸트의 충고대로 '너 자신의 오성을 사용할 줄 아는 용기를 가지라'고 말이에요."

"그들이 공산주의자를 잡아갔을 때

나는 아무 말도 하지 않았다

나는 공산주의자가 아니었으니까

그들이 사민주의자를 가두었을 때

나는 침묵했다

나는 사민주의자가 아니었으니까

그들이 노동조합원들을 체포했을 때

나는 항의하지 않았다.

나는 노동조합원이 아니었으니까

그들이 유대인을 잡아갔을 때

나는 방관했다

나는 유대인이 아니었으니까

그들이 내게 왔을 때

더 이상 나를 위해 나서줄 사람은 없었다"

"네 맞아요. 불의에 침묵한 죄, 항의하지 않은 죄,
방관한 죄가 결국에는 자기에게까지 미치더라는 이야기입니다.
이 시는 방관의 죄가 얼마나 무거운지를 일깨워주고 있지요.
지금 억울한 일을 당해 울고 있는 이들을 보고도 함께
아파하지 않고, 그들 편에 서기는커녕 그들의 입을 막으려고
하는 이들은 분명 있어요. 자기들은 언제나 안전지대에
있다고 믿기 때문일 거예요. 하지만 그걸 누가 장담할 수
있단 말인가요? 남의 곤고한 처지를 강 건너 불구경하듯 하는
이들은 하나님의 분노를 살 수밖에 없어요."

타락한 영혼의

징표

'배려'와 '연민'

"요즘 저는 말 못 할 고민이 생겼어요. 제가 아는 사람은 신실한 기독교인이거든요. 그런데 그 사람에게서 엄청난 모순의 행동을 볼 때가 많아요. 어떻게 그를 대해야 할지 어떨 땐 두렵기도 해요."

"그런 경우를 저도 간혹 본답니다. 전 이렇게 생각해요. 진리의 길에서 멀어진 사람일수록 남의 허물을 잘 들추어낸다고요. 깨끗한 사람에게는 모든 것이 깨끗하지만, 더러운 사람에게는 모든 것이 더러운 법이거든요. 예수님에게는 버릴 사람이 하나도 없었지만, 스스로 의로운 체하는 이들은 모두 못마땅하게 여겼어요. 그런 사람들은 점점 무분별하게 되고, 헛된 말로 사람들을 미혹하고, 불의한 행실로 세상을 어지럽혀요. 그들은 가증하고 완고하고 선에 무능력한 사람들입니다. 정말 우리에게 중요한 것은 말이 아니라 삶이잖아요? 사람의 앞모습보다 뒷모습이 정직할 때가 많아요."

"한 사람이 정말 여러 모습을 하는 경우가 있더라고요."

"우리는 여러 종류의 가면을 쓰고 세상과 마주하지요. 자기에게 부여된 '노릇'을 하며 사는 겁니다. 하지만 그 가면을 벗으면 전혀 다른 사람으로 변하는 이들이 있죠. 교회에서는 좋은 신자인데 직장에서는 폭군인 사람도 있습니다. 교회에서는 경건한데 바깥에서는 자기 이익을 위해 수단 방법을 가리지 않는 이들도 있고요. 말이 제 값을 잃어버린 이 시대에는 말이 아니라 삶으로 말하는 이들이 절실히 필요합니다."

"그럼 우리가 하나님께 돌아간다는 것은 무슨 뜻일까요?"

"그건 의외로 간단해요. 우리 삶의 한계를 겸허히 인정하고 하나님을 우리 삶의 중심으로 모시는 것, 바로 그겁니다. 그리고 더불어 살아가는 이웃들을 하나님이 보내주신 선물로 인식하며 사는 것이죠. 그런 이들의 삶의 특색은 '배려'와 '연민'이 아닐까 싶어요. 그런 점에서 19세기 러시아 소설가인 레스코프(Nikolay Semyonovich Leskov, 1831-1895)가 들려주는 어머니 이야기는 참으로 감동적이에요."

"이 책에 있는 내용이에요? 그럼 제가 한 번 읽어볼게요."

그녀는 영혼이 선하여 어떤 인간에게도 고통을 줄 수 없었지
요. 심지어 동물에게도 말이지요. 그녀는 고기도 생선도 먹지
않았는데, 그것은 살아 있는 것들에 연민을 가졌기 때문이에
요. 아버지는 그 때문에 어머니를 타박하곤 했어요. 그렇지만
엄마는 이렇게 대답했죠. "나는 이 동물 새끼들을 손수 키웠고,
그래서 그것들은 내 아이들이나 다름없어요. 내 자식을 먹을
수 없잖아요!" 이웃집에 가서도 그녀는 고기를 먹지 않았어요.
그녀는 말하길, "난 이 동물들이 살아 있을 때 본 걸요. 그것들
은 내 친척이지요. 내 친척들을 잡아먹을 수는 없어요."

"레스코프는 차르 체제 하에서 점점 거칠어져 가는 사람들
의 심성을 보며 깊은 절망감을 느꼈다고 해요. 그래서 어머
니의 소박한 믿음과 고운 심성을 그 시대의 치료제로 제시하
고 있는 것이죠. 사람들은 물론이고 생명이 있는 모든 것에
대한 연민의 마음이야말로 하나님이 기뻐하시는 마음이 아닐
까요? 돌처럼 굳은 마음은 세상의 아픔에 예민하지 않아요.
은총 안에서 회복된 사람은 세상의 아픔을 자신의 아픔으로
인식하게 마련입니다. 아파하지 않는다는 것, 바로 그것이 타
락한 영혼의 징표인 셈이지요."

"제가 얼마 전에 봤던 영화 〈아이 캔 스피크〉가 떠오르네요. 주인공 할머니의 아픔을 저도 고스란히 느꼈거든요."

"저도 그 영화를 아름다운 원로들과 함께 보았어요. 그 내용이 이랬지요. 일본군에 의해 성 노예로 살아야 했던 김옥분 할머니는 자기의 아픔과 과거를 숨기며 살고 있었지요. 그분은 주변 사람들에게 까칠한 사람으로 보였어요. 소소한 잘못도 다 시정을 요구했기 때문이에요. 그러다가 한평생 일본이 저지른 반인륜적 범죄를 증언하기 위해 동분서주하던 친구가 치매에 걸려 기억을 잃어가는 모습을 보고는, 친구가 못다 한 일을 수행하기 위해 미국 하원 청문회의 증언대에 서기로 작정합니다. 하지만 일본 측 대리인들은 김옥분 할머니가 종군 위안부 명단에 등록되어 있지 않다는 이유를 들어 증언을 중단시키려 하죠. 그래도 할머니는 기어이 증언대에 섭니다. 그리고는 일본군에 의해 자기 몸에 새겨진 폭력의 흔적을 드러내 보여주지요. 상처 자국, 그것보다 더 확실한 증거가 어디에 있겠어요? 할머니의 상처는 그의 몸뿐 아니라 영혼에 찍힌 낙인이었어요. 하지만 할머니는 오욕의 역사를 청산하기 위해 일평생 한사코 숨기려고만 했던 과거의 수치스러운 기억을 과감히 드러냅니다. 상처가 꽃으로 변하는 순간이었어요."

"네, 그 장면에서 저도 참 많이 울었어요. 한편 숭고한 마음이 들기도 하고요."

"상처가 꽃으로 변한 것은 성경을 통해서도 알 수 있어요. 바울 사도는 이렇게 말했습니다. '이제부터는 아무도 나를 괴롭히지 마십시오. 나는 내 몸에 예수의 상처 자국을 지고 다닙니다'(갈라디아서 6:17). '상처 자국'은 헬라어 '스티그마'를 번역한 말로 문신 혹은 낙인이라는 뜻이에요. 그리스도를 전하고 따르기 위해 바울이 감내해야 했던 숱한 고생과 고난의 흔적이 그의 몸에 얼룩무늬 상처처럼 새겨 있었으리라 생각해요. 바울은 그 상처 혹은 흉터를 부끄러워하지 않았습니다. 의를 위하여 핍박을 받은 흔적이었기에 그 흉터는 아름다운 무늬였던 것이죠. 먹감나무가 상처를 통해 유입된 물기를 무늬로 바꿔내듯 바울은 그리스도를 위해 입은 상처를 아름다운 증언의 무늬로 바꾸었던 것입니다."

"제 안에 있는 상처도 언젠가 꽃이 될 날이 오겠죠? 목사님."

"그럼요. 한편, 그리스도인으로서 살아가는 우리는 상처를 지닐 수밖에 없는 사람들이에요. 그런데 그리스도인이라면서 그 상처에 소금을 뿌리는 사람이 있지요. 사랑을 말하면서

혐오와 배제의 말을 서슴지 않는 행동, 이웃 사랑을 말하면서도 다른 이들을 배려할 줄 모르는 모습, 잘못된 기독교인은 늘 자기중심적으로 사고하고 행동해요. 화해와 용서를 말하면서도 불화를 자아내고, 다른 사람에 대한 미움을 가슴에 품고 살기도 하지요. 그런 이들은 이런 허위의식을 믿음으로 포장하고, 고백과 삶의 부조화를 타자에 대한 공격으로 덮으려 합니다. 하지만 우리가 살아가는 몸짓 하나하나는 곧 우리가 누구인지를 드러내요. 성육신 사건은 하나님이 인간의 몸을 입고 오신 사건을 가리키지만, 동시에 기독교인들이 지향해야 할 삶의 원리를 나타내는 말이기도 하죠. 무릇 기독교인이라면 우리가 고백하는 신앙의 내용을 삶으로 번역해내기 위해 노력해야 한다고 생각해요. 말씀(言)을 이루는(成) 삶이 곧 성실한 삶, 신실한 삶인 거죠."

장애를 지닌 이들과 함께 살기 위해서

"목사님, 지하철 안에서 구걸을 하는 눈 먼 사람을 보았어요. 줄을 매단 작은 카세트를 목에 걸고 있었는데, 거기선 찬송가가 흘러나오고 있었어요. 그런데 왠지 외면하게 되더라고요."

"우리는 장애인들에 대한 편견을 버려야 한다는 말을 많이 듣고 있죠. 그래서 마음으로는 아무렇지도 않게 장애인들을 대하고자 하지만 왠지 우리는 장애인들 앞에서 자연스러움을 잃어버리게 돼요. 물론 오랫동안 함께 살아온 사람들은 자연스럽게 대할 수 있지만 그렇지 않은 사람에 대해서는 불편함을 느낄 때가 많지요. 왜 그럴까요? 어쩌면 그들이 우리와 다르다고 생각하기 때문일 거예요. 그런가 하면 한편으론 그들이 야기하는 불편함이 싫어서일 수도 있겠죠. 하지만 그분들이 존재하는 것은 엄연한 현실입니다. 장애인들은 늘 우리 곁에 있었어요. 아니, 어쩌면 누구나 다 장애인이 될 가능성을 가지고 있지요. 저도 한순간의 사고로 장애인이 될 수 있는 거니까요."

"그래요. 장애인과 '우리'를 구별한다는 것은 일종의 폭력인 듯해요."

"그렇지요. 그렇지만 사회가 그러지 않으니 장애인들은 '우리'도 존엄한 존재로 인정해달라고, 인생에 대한 꿈을 가진 사람으로 살아가게 해달라고, 세상의 한복판에서 주눅 들지 않고 살 수 있는 세상을 만들어 달라고 우리에게도 요청하는 것이겠죠."

"그런데 장애인을 보는 일부 기독교인의 시선에는 문제가 있는 것 같아요."

"그런 사람들은 장애인을 하나님의 실패작인 것처럼 여기고, 장애를 재앙 그 자체로 보는 경우가 있어요. 하지만 아니에요. 절대 그럴 수 없습니다. 왜냐하면 성경은 세상에 있는 모든 사람들이 다 하나님의 형상대로 지음을 받았다고 말하고 있거든요."

"어떻게 보면 피부 색깔로 인한 차별을 받는 것이나 태어날 때부터 장애를 입고 태어난 사람들을 보는 일부의 시선은 서로 비슷한 것 같아요."

"인종주의에 사로잡힌 이들은 저들만이 선택을 받았다고 생각하고 있지요. 하지만 백인이라고 해서 흑인보다 생명의 값이 더 나가는 것이 아니지요. 그래서 그들은 부정하고 싶을 거예요. 그래도 할 수 없지요. 비장애인이라고 해서 장애인보다 생명의 값이 더 나가는 것은 아닙니다. 우리는 세상에 있는 모든 생명들이 저 나름대로의 선물을 다 가지고 있다고 믿고 있잖아요? 생명 그 자체가 하나님의 선물인 거죠. 하나님의 생명을 받아 태어난 모든 존재들은 다른 이에게 선물이 될 수 있고, 또 그렇게 되어야 합니다."

타락한 영혼의 징표

"그렇다면 장애인들은 어떤 의미에서 세상의 선물인 것일 까요? 머리로는 이해가 가는데 이를 친구들에게 설명하려면 어떻게 얘기하는 게 좋을까요?"

"이렇게 말해 보세요. 장애를 가진 사람들의 존재 자체가 모든 사람들을 새로운 세계로 초대하고 있다고 말이에요. 일 단 비장애인이 장애를 가지고 있지 않기에 장애인의 세계를 잘 모르잖아요? 그러니 장애인들을 통해 비장애인이 갇혀 있던 좁은 세계를 벗어나, 미처 가보지 않았던 신세계를 보 도록 한다고 말이에요."

"아, 정말 그렇군요. 저도 귀에 쏙 들어와요."

"그리고 이 이야기도 함께 전해 봐요. 마사 베크가 쓴《아 담을 기다리며》에 관한 내용이에요. 미국의 하버드 대학에서 박사 과정을 밟고 있었던 마사와 존 베크 부부는 다운증후군 에 걸린 아이를 출산했어요. 이들 부부는 아이의 이름을 '아 담'이라고 지었대요. 아담이 그 가정에 오면서 마사와 존은 자기들의 삶을 재구성하지 않을 수 없었을 거예요. 어떻게 보면 성공의 길에서 벗어나는 것처럼 보였겠죠. 하지만 아담 과 함께 지내면서 그들은 전혀 새로운 삶을 발견하게 되었다 고 해요. 아담의 눈으로 세상을 보게 되면서 사람들이 공격적으로 성취하려고 하는 것들이 오히려 절망의 몸부림으로 보이기 시작했던 거죠. 그리고 일상적으로 지나쳐버리던 일들 속에 깃든 신비와 아름다움을 알아보게 된 겁니다. 아담을 맞이하고, 그 아이의 크는 모습을 보며 삶은 결핍이 아니라 충만함임을 몸으로 확연히 깨닫게 되었던 것이지요."

"아이의 이름을 아담이라 지은 것도 의미심장하군요."

"아담의 엄마인 마사 베크가 책에서 고백했던 내용을 제가 읽어드리지요."

아담과 함께 살고 아담을 사랑하면서 나는 많은 것을 알게 되었다. 아담은 나에게 사물 자체를 보고, 무자비하고 흔히 무감각한 세상이 그것에 갖다 붙인 가치를 보지 말라고 가르쳤다. 아담의 엄마로서 나는 그가 흉하다는 말을 듣는다고 해서 덜 아름다운 것이 아니고, 우둔하게 보인다고 해서 덜 지혜로운 것이 아니며, 가치 없게 보인다고 해서 덜 소중한 것이 아니라는 사실을 분명히 알 수 있다. 나도 마찬가지이고 당신도 마찬가지다. 우리 누구나 다 마찬가지이다.

"아, 멋진 깨달음이군요. 그리고 우리에게도 울림을 주는 말이네요."

"전 이런 생각이 들어요. 장애인들은 미친 듯이 질주하는 시간 속에서 숨 돌릴 여유조차 없이 살고 있는 우리들에게 삶의 속도를 늦추라고 그들의 세계에 초대하고 있다고 말이에요. 장애를 지닌 이들과 함께 살기 위해서는 그들의 속도에 맞춰 우리 삶의 속도를 조율해야 하지 않겠어요?"

"그렇겠죠. 장애인들에게서 그들의 부족한 것을 볼 게 아니라, 우리의 조급함을 치유할 수 있는 고마움을 볼 수 있어야 하겠어요."

"티크 낫 한 스님이 오셔서 걷기 명상이라는 것을 가르치셨지만, 걷기 명상이 뭐 따로 있겠어요? 사랑의 마음으로 장애인들과 함께 걷거나, 노인들 곁에서 함께 걸어보면 금방 느낄 거예요. 그들과 발맞춰 걷다보면 우리 속에 있는 조급증이 사라지면서, 우리의 존재가 고요해지는 것을 말이에요."

"물론 처음에는 느릿느릿 걷는 것이 불편하다 생각할 지도 모르겠어요. 하지만 어차피 우리는 같은 공간 안에 있고, 같이 걸어야 삶의 목적지에 도달할 수 있다면, 우리의 걸음이 늦춰지면 조금씩 우리 안에도 고요가 스며들 것 같아요."

"기독교인인 우리는 여기서 조금 더 성찰할 수 있으리라

그대는 한 송이 꽃

생각해요. 장애인들과 함께 하려할 때 우리는 예수 그리스도의 마음과 가까워지고 있음을 느낄 수 있다는 것을요. 그들 곁에 머물며, 그들과 함께 살려 할 때, 사랑의 수고를 아끼지 않을 때, 주님은 관념적인 실체가 아니라, 아주 현실적인 존재로 우리 앞에 다가오신다는 것을 느낄 수 있을 거예요. 테레사 수녀는 병든 그리스도를 닦아 드리고, 헐벗은 그리스도에게 옷을 입혀 드릴 수 있는 거룩한 소명을 주신 하나님께 감사했지요. 우리의 도움을 필요로 하는 이들은 그리스도에게로 통하는 문이 아닐까요?"

방관하는 죄

"목사님, 전 가끔 이런 생각이 들어요. 우리 사회의 그 많은 모순들에 우리가 어떻게 대처하면 좋을까 하는 생각이지요. 가끔 그 무게가 너무 무거워서 외면해 버리고 싶을 때도 있어요."

"제가 했던 경험을 말해 드릴까요? 몇 해 전 베를린에서 집회를 인도한 적이 있어요. 독일에 가니 작센하우젠 수용소 (Sachsenhausen Konzentrationslager)를 방문해 보고 싶더군요. 그래서 잠시 시간을 내 자동차로 30분 거리에 있는 그곳을 방문했어요. 비극의 장소인 작센하우젠으로 가는 길은 예상 외로 아름다웠어요. 길가에는 아름드리나무가 터널을 이루고, 강에는 작은 배들이 떠있어 한가로워 보였죠. 국도변의 집들은 깨끗했고, 햇살을 뚫고 달리는 자전거 라이더들에서 건강함을 느낄 수 있었어요."

"작센하우젠에 수용소가 있었어요?"

"네, 그래서 전 작센하우젠으로 가는 길 위에 보이는 아름다운 풍경을 제대로 감상하지 못했어요. 그곳에 가는 동안 1936년 평화의 제전인 베를린 올림픽이 열려 전 세계의 젊은이들이 실력을 겨루기 위해 집결하던 바로 그때를 떠올렸거든요. 당시 나치는 작센하우젠에 정치범들과 양심수들, 사회 부적응자들, 전과자들, 동성애자들, 여호와의 증인, 집시 등을 가두기 위해 대규모 수용소를 만들었어요. 1938년 이후에는 독일에 살던 유대인이 잡혀왔고, 전쟁 포로들도 많이 이송되어 왔다고 해요. 그러니 그곳은 점차 살육의 현장으로 변해간 거죠. 거기서 수많은 유대인들이 용광로 속에서 한 줌의 재로 변했고, 전쟁 포로들은 학살당했어요."

"저런, 나치가 유대인들을 가스실로 끌고 가 죽였다는 그곳이 바로 작센하우젠 수용소군요."

그대는 한 송이 꽃

"네, 저는 그 참혹한 현장을 둘러보다가 나치 친위대가 운영하던 감옥까지 가 보았습니다. 감옥 밖에는 세 개의 나무 기둥이 서 있었는데, 알고보니 그것은 죄수들을 거꾸로 매달고 고문을 가하던 도구였어요. 감옥 창문은 나무 가리개로 가려져 있어 죄수들은 햇빛조차 누릴 수 없었다고 해요. 감방을 둘러보는데, 참으로 비감한 마음이 들더군요."

"정말 최악의 비극이 있던 현장을 보셨던 거군요."

"각 방마다 둘러보는데, 모든 방에는 그곳에서 수감생활을 했던 대표적인 인물들의 사진이 놓여 있었습니다. 저려오는 마음을 애써 추슬러 돌아보던 중 저는 한 방에서 마틴 니묄러(1892-1984)의 강고한 얼굴과 마주쳤어요. 그는 독일의 기독교인들이 나치에 부역하고 있을 때 나치에 협력하기를 거부하고 바른 믿음을 견지하려고 했던 고백교회의 지도자 가운데 한 분입니다. 그의 형형한 눈빛이 계속 뒤따라오는 듯 했는데, 그 눈빛은 마치 저에게 바른 믿음을 지키기 위해 고난을 받을 수 있느냐고 묻는 듯 했지요. 그때 그의 시 〈처음 그들이 왔을 때〉가 떠올랐어요."

"어렴풋이 알 것 같아요. 읽은 적이 있거든요. 정확한 내용은 이래요."

그들이 공산주의자를 잡아갔을 때
나는 아무 말도 하지 않았다
나는 공산주의자가 아니었으니까
그들이 사민주의자를 가두었을 때
나는 침묵했다
나는 사민주의자가 아니었으니까
그들이 노동조합원들을 체포했을 때
나는 항의하지 않았다.
나는 노동조합원이 아니었으니까
그들이 유대인을 잡아갔을 때
나는 방관했다
나는 유대인이 아니었으니까
그들이 내게 왔을 때
더 이상 나를 위해 나서줄 사람은 없었다

"시를 듣다보니, 제가 드린 질문에 목사님이 하시고 싶은 말씀이 무엇인지 조금 짐작이 가요."

"네 맞아요. 불의에 침묵한 죄, 항의하지 않은 죄, 방관한 죄가 결국에는 자기에게까지 미치더라는 이야기입니다. 이 시는 방관의 죄가 얼마나 무거운지를 일깨워주고 있지요. 지금 억울한 일을 당해 울고 있는 이들을 보고도 함께 아파하지 않고, 그들 편에 서기는커녕 그들의 입을 막으려고 하는 이들은 분명 있어요. 자기들은 언제나 안전지대에 있다고 믿기 때문일 거예요. 하지만 그걸 누가 장담할 수 있단 말인가요? 남의 곤고한 처지를 강 건너 불구경하듯 하는 이들은 하나님의 분노를 살 수밖에 없어요."

"기독교인인 우리가 또 그리스도의 몸인 교회에서도 무겁게 새겨들어야 할 것 같네요."

"그럼요. 프랑크 옐레는 《편안한 침묵보다는 불편한 외침을》이라는 책에서 이렇게 말했지요."

그리스도교 공동체는 너무 조금 일하기보다는 연약한 자들을 위해 세 배는 더 열심히 일해야 한다. 권리와 자유가 위협당하는 곳에서는 편안한 침묵보다는 차라리 불편하더라도 목소리를 높여야 한다.

"당신하고 얘기를 하다 보니까.
영웅은 따로 있는 것이 아니라 자기에게 주어진 삶의 몫을
눈물을 흘리면서라도 끝끝내 감당하는 사람들이
다 영웅이라는 생각이 드네요."

"그래. 현실의 무게가 어깨를 짓누를 때면
벗어나고 싶기도 하고, 어딘가로 달아나고 싶은 생각도 들지만
끝내 자기 자리를 지키는 사람들, 평범하기 이를 데 없는,
어찌 보면 무능해 보이는 사람들이야말로
신성함에 가까이 사는 사람인지도 몰라."

우리는 신성함을
믿어야 한다

영웅 만들기 문화

"이게 언제 신문이지? 로널드 레이건 전 미국 대통령의 국장 소식으로 미국이 떠들썩했던 기사구먼. '미국을 사랑한 이상주의자', '인물을 넘어서 미국과 세계가 가장 필요로 할 때 신의 섭리에 따라 나타난 인물'… 야, 아무리 장례식 수사라고는 해도 좀 심했었네. '친절, 단순 명료함, 선함이 그의 전 생애를 특징지었다'고? 온 몸이 막 군시러워지네."

"요즘 신문도 아닌 옛적 기사를 보면서 뭘 그렇게 중얼거려요?"

"지금도 그렇지만 미국인들의 '영웅 만들기'는 좀 지나쳐. 9·11 사건 때 숨진 소방관들을 영웅으로 칭송하는 것은 그렇다 쳐도, 이라크에서 공포에 질려 총 한 방 쏘지 못한 채 숨어 있다가 이라크 군에게 생포되었던 여군을 전쟁 영웅으로 만들고, '라이언 일병 구하기'류의 센티멘탈리즘으로 사람들의 비판의식을 잠재우고…."

"당신 너무 과민한 거 아니에요?"

"과민한 게 아니라 그렇다는 거지. 로널드 레이건만 해도 미국민의 입장에서는 영웅일지 몰라도, 다른 지역 사람들에게는 비극의 씨를 뿌린 사람일 수 있거든. 지나간 역사를 보면 레이건 정권이 남아메리카와 아프리카나 중동에 뿌린 불화의 씨가 분쟁과 테러로 나타났거든."

"그 사람들은 왜 그렇게 영웅 만들기에 집착하는 걸까요?"

"다민족 국가니까 그들을 하나로 묶어주는 끈이 필요해서가 아닐까? 우리처럼 단일민족 국가의 경우는 국가적 정체성의 뿌리를 과거에 두고 있지만, 미국 같은 나라는 항상 그 뿌리를 미래에 둘 수밖에 없잖아. 그런데 미래는 부동(浮動)하는 거니까, 부동하는 정체성을 하나로 묶어줄 어떤 신화, 혹은 상징이 필요하지 않겠어? 영웅 만들기는 그런 신화 만들기의 일종일 거야."

우리는 신성함을 믿어야 한다

"그런 의미에서라면 우리에게도 영웅이 있으면 참 좋겠어요. 우리의 정체성은 자명하다고 말했지만, 사실 우리 정신은 유목민처럼 떠돌고 있잖아요?"

"사실이야. 반 만 년의 역사를 자랑하지만 딱히 '이게 우리 것이다' 할 만한 게 뭔지는 잘 모르겠어."

"영웅이 있으면 좋겠다는 내 말은 그러니까 지금처럼 모든 것이 흔들리는 시대에 우리가 언제라도 돌아가 스스로를 비춰볼 수 있는 큰 정신이 있으면 좋겠다는 말이에요."

"나는 내가 당신의 영웅인 줄 알았는데…"

"아이구, 참 내. 그래요, '당신을 나의 영웅으로 임명합니다.'"

서구적 영웅

"나도 우리 시대에 진정한 영웅이 있었으면 좋겠어."

"진정한 영웅이 어떤 건 데요?"

그대는 한 송이 꽃

"글세… 물론 사람마다 생각이 다를 수는 있겠지만, 적어도 영웅들은 비범한 고통 속에서 인간 정신의 위대함과 숭고함을 드러내는 존재여야 하지 않을까? 그걸 전형적으로 잘 보여주는 것이 호메로스의 서사시《일리아드》의 두 주인공인 '아킬레우스'와 '헥토르'야. 그들은 인간의 절대적 한계인 죽음의 운명 앞에서 구차하게 삶을 구걸하지 않지. 오히려 비극적인 운명을 자기 용기의 증거로 삼으려 해. 트로이의 장군인 헥토르는 자기가 아카이아의 영웅 아킬레우스의 상대가 되지 못한다는 것을 알고 있지만 그와의 싸움을 피하려 하지 않아. 그것은 목숨보다도 소중히 여기는 명예에 손상을 가하는 일이기 때문이지. 아버지 프리아모스가 흰 머리털을 쥐어뜯으면서 만류하고, 어머니 헤카베가 눈물을 흘리며 울다가 급기야는 옷깃을 풀어 헤쳐 다른 손으로 젖가슴을 드러내 보이면서 피할 것을 종용하는 장면은《일리아드》에서 가장 비장한 장면 중 하나라고 할 수 있을 거야. 그런데도 헥토르는 결국 아킬레우스와 대결하다가 죽는 쪽을 택하지. 패배가 기정사실이라 해도 그는 트로이인들의 자긍심과 명예를 지키고 싶었던 거야. 그건 아킬레우스도 마찬가지야. 그는 선택적인 운명을 타고났는데, 전쟁터에서 큰 공을 세우면 전사할 운명이고, 전쟁에서 큰 공을 세우지 못할 경우 도리어 부귀영화를 누리며 장수할 운명이라는 거야. 선택은 그의 몫인 셈이지. 그라고 해서 살고 싶은 생각이 왜 없었겠어. 하지만 그는 절친한 친구인 파트로클로스가 헥토르에게 죽임을 당했다는 소식을 듣자 그 원수를 갚기 위해 전쟁터로 달려가지. 그게 결국 죽음의 길이라는 것을 알면서도 말이지."

"결국 에고이즘 아니에요? 아니면 나르시시즘이던가? 그들이 지키려는 것이 명예요 자아 아닌가요?"

"물론 그런 점이 없다고는 할 수 없지. 그게 서구적 주체성의 한계이기도 하고."

"부모의 가슴에 못을 박고, 아내의 고통까지도 모른 체 하면서 지켜야 할 명예라는 게 대체 뭐겠어요. 허영심 아니면 자만심 아니에요? 남자들이란…"

"아니, 그런 성차별적인 말을 하다니…"

"성차별이 아니라 결국 서구적 영웅이라는 게 '수컷스러움'과 통하는 게 아니냐는 거죠."

"괜히 말 꺼냈다가 본전도 못 찾네."

"당신은 영웅이 되려고 하지 마세요."

"사실 나는 영웅들로 떠받들려 지는 이들에 대한 혐의를 가지고 있는 사람이야. 정신의 크기를 보여주는 큰 인물이 없는 시대를 슬퍼하기는 하지만, 누군가를 숭배하고 싶어 하는 사람은 아니거든. 무엇보다도 사람들의 '동상 만들기 욕망'을 싫어하는 내가 영웅은 무슨…."

"내가 너무 기를 죽였나?"

"……."

"……."

자기 희생의 길

"로댕의 조각작품 '칼레의 시민들' 생각나?"

"그럼요. 근데 왜요?"

"진정한 영웅은 자기의 명예나 허영심을 위해서가 아니라, 타자를 위해 자기를 희생하는 사람들이 아닐까 하는 생각이 들어. 예수님이 보여주신 생도 결국 그런 거 아니겠어?"

"그 작품의 배경이 뭐였죠?"

"나도 잘 몰라. 다만 백년 전쟁 당시에 영국군에게 포위되었던 칼레가 끝까지 저항하다가 마침내 항복을 할 수밖에 없는 상황이 되었는데, 영국 왕은 항복을 받아주는 대가로 칼레의 시민 여섯 명을 처형하겠다고 했다지 아마. 그 이야기를 들은 생 피에르라는 청년이 고심 끝에 먼저 자원하자, 다른 이들도 그 대열에 합류했대. 결국 그들의 용기 있는 결단으로 칼레는 전멸을 면했던 거지. 인간성이 왜소해지는 시대에 로댕은 그들의 숭고한 용기를 기념하기 위해 그 조각상을 만든 것이겠지."

"나치에 의해 죽임을 당한 막시밀리안 콜베 신부님이 생각나네요. 아우슈비츠 수용소를 탈출한 사람들을 대신해 처형당하도록 선발된 사람들 가운데 하나가 비통하게 흐느끼는 모습을 보다가 '내가 그 사람을 대신하게 해주십시오. 그에게는 아내와 아이들이 있지 않습니까?' 하면서 아사(餓死)감옥에 들어갔다면서요. 타자의 아픔을 자신의 아픔으로 느끼고, 그의 자리에 홀가분하게 자신을 내놓는 사람이야말로 진정한 영웅이라는 생각이 들어요."

"그래, 예수님도 '사람이 친구를 위하여 자기 목숨을 버리

208

그대는 한 송이 꽃

면 이보다 더 큰 사랑이 없다'(요한복음 15:13)고 하셨지."

"콜베 신부님은 아사감옥에서도 사제로서의 역할을 다했대요. 그를 포함해 10명의 동료들은 고통에 몸부림치기보다는 조용히 기도하고 찬송하며 죽음을 맞이했다지요? 죽음의 공포를 이긴 한 영혼이 얼마나 아름다울 수 있는가를 보여준 것 같아요."

"그래서 요한 바오로 2세는 인간성이 어둠에 잠겨버린 시대에 사랑의 기적을 보여주었다는 찬사를 했고, 그는 성인으로 시성되었어. 사실 사랑의 기적보다 더 큰 기적은 없으니까."

"제 머리 쓰다듬는 격이긴 하지만, 여성들은 일상 속에서 그런 기적을 많이 만들면서 산다고 볼 수 있어요. 그런 의미에서 여성들은 작은 영웅이 아닐까요?"

"네, 인정합니다! 앞으로도 잘 부탁드립니다."

"나한테 잘해요."

취약함을 받아들일 때

"인간의 고귀함은 강함에서 나오는 것이 아니라 약함을 받아들이는 데서 오는 것 같아. 예수님이 제자들을 파송하시면서 아무 것도 가지고 가지 말라 하신 것도 어쩌면 자기를 지킬 만한 것이 아무 것도 없을 때 오히려 허영심과 두려움을 떨쳐버릴 수 있음을 간파하셨기 때문이 아닐까? 나는 로널드 레이건 전 미국 대통령에게서 가장 긍정적인 것은 자기가 '알츠하이머병'을 앓고 있다는 사실을 사람들에게 고한 일이라는 생각이 들어. 기억이 다 사라지기 전에 세계민들 앞에 서서 그는 자기의 병세를 고했고, 사람들의 이해를 구했어. 나는 그것이야말로 그가 우리에게 남긴 가장 고귀한 메시지라고 생각해. 그는 미국을 초강대국으로 만들었는지는 모르지만, 인간은 결국 유한할 수밖에 없는 존재라는 것을 자신의 몸으로 증언한 셈이지."

"인간적인 취약함은 슬픔의 근원이기도 하지만, 고귀함의 근원이기도 하네요. 문득 영화 〈아이리스〉가 생각이 나요. 옥스퍼드 대학교의 철학교수이자 작가인 아이리스가 생의 절정기에 알츠하이머병에 걸려 기억을 상실해가는 과정을 그린 영화지요. 그 영화를 보면서 얼마나 울었는지 몰라요."

"언어가 갖고 있는 아름다움과 설득력을 굳게 믿고 있던 사람이 어느 날 문득 기표와 기의의 연결을 잃어버린 채 망연자실할 때, 그게 어떤 느낌일까? 나는 아이리스가 '당황하다(puzzled)'라는 단어를 써놓고는 곤혹스러운 표정으로 그 단어를 응시하던 장면만 생각하면 아찔한 생각이 들어."

"당신도 그럴 때가 올지 모른다는 생각이 들어서요."

"꼭 그런 것은 아니지만, '암흑 속을 항해하는 기분'이라던 그 느낌이 왠지 낯설지 않은 것 같아서 말이야. 어느 날 갑자기 자기 감정과 행동과 성격에 변화가 온 것을 알아차린다고 생각해 봐. 끔찍하지. 문제는 그런 병이 누구에게나 일어날 수 있다는 사실이지."

"노인들에게는 알게 모르게 그런 공포가 있는 것 같아요. 친정 엄마도 가끔 건망증이 심해지면 '나 이러다 치매에 걸리는 게 아닌지 모르겠다'고 하세요."

"알츠하이머병은 퇴행성 뇌질환이래. 뇌신경세포막을 구성하는 물질이 변형되어 뇌 속에 축적되면 그런 증상이 나타난다지. 이게 어제오늘의 일은 아니야. 옛날에는 그 원인을 알 도리가 없으니까, 그런 증상을 보이는 노인들을 보면

우리는 신성함을 믿어야 한다

'노인네 망령들었다'고 했지. 그런 이들은 진단조차 받지 못한 채 냉대와 푸대접 속에서 죽음을 기다리는 수밖에 없었어. 생각해보면 주변에 그런 분들이 한두 분은 꼭 있을 걸."

"아이리스가 친구인 쟈넷의 별장에 가서, 노트를 들고 바닷가로 달려가던 장면, 기억나요?"

"그럼."

"뭔가를 쓰려는 듯이 노트 한 장을 뜯어 들고 펜을 잡으려다가, 가만히 종이를 자갈밭 위에 내려놓고 바람에 날리지 않도록 자갈로 지질러 놓잖아요. 한 장, 두 장, 세 장…. 마치 그게 날아가려는 자기 기억을 붙잡고 싶은 아이리스의 갈망처럼 보여서 얼마나 가슴 아팠는지 몰라요. 어느 순간 아이리스가 갑자기 자갈을 치우고 종이를 바람에 날려 보낼 때 나는 차라리 후련함을 느꼈어요. 결혼하기 전 젊은 베일리가 친구에게 '아이리스의 머릿속엔 다른 세상이 있어요. 그 여자는 가끔씩 다른 세계로 가버려요' 하고 말하는 대목이 나오는데, 아이리스는 결국 그 다른 세계로 영원히 이사해버린 셈이지요."

그대는 한 송이 꽃

우린 신성함을 믿어야 한다

"영화는 아이리스가 아직 건강할 때 대중들을 상대로 강연하는 장면을 보여주는데 그 영화는 어쩌면 그 대목을 들려주려고 만든 건지도 모르겠어. '우리는 신성함을 믿어야 합니다. 꼭 신의 이름이 필요한 건 아니죠. 좋습니다. 우리가 사랑이나 선이라 부르는 것이 있다면.' 그러면서 아이리스는 시편 139편을 낭송하지.

내가 주의 영을 피해서 어디로 가며, 주님의 얼굴을 피해서 어디로 도망치겠습니까? 내가 하늘로 올라가더라도 주님께서는 거기에 계시고, 스올에다 자리를 펴더라도 주님은 거기에도 계십니다. 내가 저 동녘 너머로 날아가거나, 바다 끝 서쪽으로 가서 거기에 머무를지라도, 거기에서도 주님의 손이 나를 인도하여 주시고, 주님의 오른손이 나를 힘있게 붙들어 주십니다. 내가 말하기를 "아, 어둠이 와락 나에게 달려들어서, 나를 비추던 빛이 밤처럼 되어라" 해도, 주님 앞에서는 어둠도 어둠이 아니며, 밤도 대낮처럼 밝으니, 주님 앞에서는 어둠과 빛이 다 같습니다.

이 성경 말씀을 들으면서 나는 가슴이 저릿해지는 걸 느꼈어. 불멸하는 것은 사랑뿐이야. 다른 것들은 다 군더더기일 뿐이지."

"군더더기이지만 매혹적이지요. 그래서 덜어내기가 어렵구요."

"그래서 하나님이 사랑하는 자에게 고난을 허락하시는 건 아닐까? 고난의 풀무를 거치지 않으면 맑아지고, 깊어지고, 소박해지기 어려우니까 말이야."

"그런가 봐요. 모든 고난이 다 유익하다고 말할 자신은 없지만, 적어도 하나님의 사랑 안에서 겪는 고난이라면 좋은 거 아닐까요? 아이리스의 말대로 우리가 신성함을 믿는다면 우리의 연약함은 오히려 그분에게로 가까이 가는 통로일 거예요."

"머리로는 이해한다고 해도, 그걸 가슴으로 받아들이기란 여간 어려운 게 아닐 거야."

"어쩔 수 없이 받아들여야 하는 시간이 오겠지요."

"하지만 그런 시간이 오기 전에 미리 깨닫고 살아간다면 삶이 그렇게 무겁지는 않을 텐데."

"고통을 끌어안을 때 우리가 끌어안는 것은 사실은 그 밑바닥에 계신 사랑의 하나님이래요."

"그게 바로 십자가가 보여 주는 진실이겠지."

"당신하고 얘기를 하다 보니까, 영웅은 따로 있는 것이 아니라 자기에게 주어진 삶의 몫을 눈물을 흘리면서라도 끝끝내 감당하는 사람들이 다 영웅이라는 생각이 드네요."

"그래. 현실의 무게가 어깨를 짓누를 때면 벗어나고 싶기도 하고, 어딘가로 달아나고 싶은 생각도 들지만 끝내 자기 자리를 지키는 사람들, 평범하기 이를 데 없는, 어찌 보면 무능해 보이는 사람들이야말로 신성함에 가까이 사는 사람인지도 몰라."

사람을 다스리고 하늘을 섬기는 데는 아낌만한 것이 없으니
무릇 아낌을 일컬어 빨리 돌아감이라 한다
빨리 돌아감을 일컬어 덕을 거듭 쌓는다고 한다

治人事天 莫若嗇
夫惟嗇, 是謂早復
早復, 謂之重積德

사람을 아끼는 것이 참 삶의 시작일 겁니다.
특히 세상의 속도에 적응하지 못한 채 뒤처진 사람들,
자기 목소리를 갖지 못한 이들, 무방비로 폭력에 노출된
사람들을 아낄 줄 모른다면 우리는 결코 참 사람이 될 수
없습니다. 경제 발전이라는 파이를 키우기 위해 이런 이들을
버리고 가는 사회는 결코 지속 가능한 사회가 될 수 없습니다.
잃어버린 양 한 마리를 찾아 나서는 목자의 심정이 실종된
문화는 몰락할 수밖에 없는 것 아닐까요?
사람 아낌과 하늘 섬김은 결코 나눌 수 없는 것입니다.
아낌이야말로 우리가 본래의 자리로 돌아가는 지름길입니다.

직선의 시간을
넘어

새해에는 좋은 계획을 세우셨는지요? 들숨과 날숨 사이에 있는 삶에 새로운 게 뭐 있겠습니까만 그래도 시간 속을 표류하지 않으려면 나름대로의 계획은 필요한 것 같습니다. 학습 계획을 세우는 학생들처럼 할 수는 없지만, 시간의 매듭을 만드는 것은 삶의 지혜 가운데 하나가 아닌가 생각합니다. 일 년에 몇 차례씩 순례의 절기를 만들었던 이스라엘인들의 지혜가 새삼스럽게 크게 느껴집니다. 디지털 시대의 특징인가요? 잘게 분절된 시간 속을 걸어가면서도 '내 마음의 정처가 없구나' 하는 자각이 들 때면 나이에 걸맞지 않게 외로움을 느끼기도 합니다. 그래도 뭔가 가시적인 목표가 있을 때 '지금'이 탄력을 받는 것 같습니다.

높은 산에 오르기 위해서는 계곡과 봉우리들을 여러 번 넘나들어야 하는 것처럼 인생도 그런 것이 아닌가 싶습니다. 그런 게 리듬인가요? 저는 가끔 집채만 한 파도를 향해 나아가다가 그 파도의 마루에 날쌔게 몸을 싣고 파도를 즐기는

그대는 한 송이 꽃

서퍼(surfer)들을 보면서 부러움인지 부끄러움인지 모를 감정을 경험합니다. 안전한 땅 위에 서서도 중심을 잡지 못한 채 비틀거리는 제 모습이 떠오르기 때문일 겁니다.

물론 세상일이 뜻대로 되는 것은 아니지요? 실제로 그렇게 된다면 오히려 문제일 겁니다. 가끔은 어긋나기도 하기에 인생은 재미있습니다. 저는 여행을 할 때는 치밀하게 준비하는 편이 못됩니다. 언제나 의외의 상황을 위해 여백을 마련합니다. 기차를 타고 가다가 창 밖으로 스치는 어떤 풍경에 마음이 끌리면 다음 정류장에서 내려 무작정 걷는 식입니다. 계획이 없기에 허허로울 수 있고, 허허롭기에 뜻밖의 만남에 대해 마음을 열 수가 있습니다. 삶에는 치밀한 계획도 필요하지만 어떤 상황의 소환에 언제라도 응답할 수 있는 여백도 필요한 것 같습니다.

요즘 베르나르 올리비에라는 고집쟁이 영감의 책을 읽었습니다. 《나는 걷는다》라는 책 제목이 하도 도발적이어서 — 제게 그렇게 들렸다는 말씀입니다 — 손에 잡았는데, 그 책이 그리고 있는 낯설면서도 왠지 낯설지 않은 삶의 이야기들이 저를 영 놓아주질 않았습니다. 터키의 이스탄불에서 중국의 시안에 이르는 12,000킬로미터의 실크로드를 그는 걸었습니다. 무모한 열정이었습니다. 그것도 60세를 넘긴 나이에 말입니다. 그가 직면했던 어려움은 우리가 상상할 수 있는 것 이상이었습니다. 육체적 고통, 강도, 강도와 다를 바 없는 군인과 경찰들, 질병, 외로움, 그리고 포기에 대한 유혹… 무엇이 그를 그런 극한의 상황으로 내몰았는지 모르겠습니다. 아니 내몰았다는 말은 적절치 않겠네요. 차라리 어떤 그리움이 그를 그 길로 소환했을까를 묻는 것이 낫겠습니다. "인생의 세 번째 시기에 나는 느림과 침묵에 굶주려 있다"는 그의 고백에 저는 고개를 끄덕였습니다. 정도의 차이야 있겠지만 이것은 어쩌면 우리들 모두가 경험하고 있는 현실이 아닐까 싶습니다.

인디언들은 말을 타고 달리다가도 이따금 멈추어 서곤 했다지요? 영혼이 따라올 시간이 필요했으니까요. 이 이야기를 들으면서 파시스트적인 속도로 살아가는 우리는 영혼과 분리된 채 살고 있다는 심증을 굳히게 되었습니다. 말도 그렇습니다. 말의 홍수 속을 표류하다가 문득 고개를 들면 욕지기 같은 참담함이 밀려옵니다. 목사로 살아간다는 것이 참 어려운 것은 채 무르익지도 않은 말들을, 채 고이지도 않은 말들을 퍼내야 한다는 사실입니다. 때로는 침묵이 웅변보다 더 많은 것을 전달함을 알면서도 침묵을 선택하지 못하는 부실한 저의 믿음이 저를 괴롭힙니다.

며칠 전 한 절친한 후배의 편지를 받았습니다. 그는 3박 4일 동안의 침묵 기도를 마치고 돌아왔습니다. 그 기간 동안 기도 모임에 참여한 이들은 눈길 안 주기와 손짓 안 하기를 포함한 절대 침묵을 요구받았습니다. 하지만 그는 가끔 별들한테, 그리고 산책길에 꽃들한테 말 걸기를 했다고 고백했습니다. 안으로 자기를 들여다보는 것보다는 바깥을 향하도록 철저히 훈련받은 시선을 안으로 돌리기가 너무 힘들었다고 말하더군요. 그는 그것을 문자를 터득하고 나서는 절대로 문맹이 될 수 없는 원죄 같은 것 같았다고 말했습니다. 침묵을 배경으로 하지 않은 말은 소음이라지요? 부질없는 말은 만남을 매개하기보다는 가로막을 때가 많습니다.

기자로 살아온 베르나르였기에 그는 말에 멀미를 느낀 것 같아요. 홀로 걷는다는 것은 어쩌면 말을 버리는 과정인지도 모르겠어요. 서로의 가슴에 아무런 울림도 일으키지 못하는 닳아빠진 말, 이해타산에 따라 발설되는 말을 버린 그 자리에서 그는 참다운 소통을 갈망합니다. 그래서 그는 "내 박물관은 길들과 거기에 흔적을 남긴 사람들이고, 마을의 광장이며, 모르는 사람들과 식탁에 마주 앉아 마시는 수프"라고 말합니다. 그가 이국의 풍물이나 풍경에 마음을 빼앗기지 않는 것은 어쩌면 진정한 만남과의 갈망 때문인 것 같았습니다.

저는 책과 서류와 우편물과 잡동사니로 가득 찬 제 사무실을 바라봅니다. 마치 내 내면의 풍경인 양 어지럽습니다. 날마다 날아오는 우편물들을 어떤 것은 뜯어보지도 않은 채 쓰레기통에 던지고, 어떤 것은 흘낏 한 번 보고는 망설임도 없이 쓰레기통에 던지는 나의 행동을 지켜봅니다. 권태와 짜증이 저를 사로잡고 있습니다. 우편물은 늘어나고 있지만 소통과 만남은 줄어들고 있습니다. 전화기를 타고 들려오는 낯선 목소리에서 마음에 경계경보를 발령하고, 불시에 찾아온 낯선 이를 일단 미심쩍은 눈길로 훑어보게 됩니다. 낯선 이에 대한 '환대'는 성경이 요구하는 거룩한 삶의 전제조건이지만, 언제부터인가 낯선 사람은 '한 소식'을 가지고 내 앞에 당도한 천사가 아니라 피하고 보아야 할 사람이 되어 버렸습니다. 조금 전에도 어떤 젊은이가 찾아와 일자리를 찾느라 이곳저곳 전화를 하다가 돈이 다 떨어져버렸다면서 3,000원 짜리 전화카드를 사달라고 하더군요. 마침 사용하지 않은 카드가 있어서 주었습니다만, 그 젊은이는 정말 전화카드가 필요했던 것일까요? 아니면 전화카드를 빙자한 돈이었을까요? 추위에 몸조심하라고 말했지만 제 말속에 따뜻한 온기가 배어 있었는지 생각해보니까 그렇지 않은 것 같다는 생각이 드네요.

사람을 그리워하면서도 사람을 꺼리게 되는 이 모순이 어디에서 연유하는가 생각해 보았습니다. 그것은 내가 몸으로 그들 곁에 다가서지 못하기 때문이었습니다. 몸이 매개가 되지 않은 만남은 진실하기 어렵습니다. 사마리아 사람은 강도 만난 사람의 몸을 만짐으로써 그의 이웃이 되었습니다. 몸이 가지 않는 곳에 마음이 가기란 여간 어려운 게 아닙니다. 마음이 바뀌려면 몸부터 회심하지 않으면 안 됩니다. 비천에 처할 줄도 알고 존귀에 처할 줄도 안다고 말했던 바울의 능

소능대한 자유는 몸으로 사는 사람만이 맛볼 수 있는 생의 별천지일 겁니다. 땀을 흘리며 사는 사람, 배고픔과 목마름과 고통과 처절한 외로움을 경험해 본 사람이라야 다른 이를 향해 나아갈 수 있습니다. 자기 초월이 일어나는 거지요. 몸이 따르지 않는 관념은 우리 삶을 더욱 창백하게 만들뿐입니다. 예수님의 가르침은 몸을 매개로 하는 경우가 많았습니다. 열병 들린 시몬의 장모의 손을 붙잡아 일으키고, 한센병 환자의 환부에 손을 대고, 앞 못 보는 사람의 눈을 어루만지시는 예수님의 모습을 떠올리는 것만으로도 제 마음이 정화되는 느낌입니다. 동료 인간들의 아픔에 대한 연민과 공감이 담긴 그 손길이야말로 살림의 손길일 것입니다.

엔도 슈사쿠가 《사해의 호반》이란 소설에서 그린 예수의 모습은 전능자가 아닙니다. 그는 병자를 낫게 하지도 못하고, 기적을 행할 능력도 없습니다. 다만 버림받은 병자들 곁에 머물면서 안타까워하며 그들과 함께 밤을 지새울 뿐입니다. 사람들은 그의 무능을 비웃고 화를 내기도 합니다. 하지만 엔도는 진정한 기적은 병자를 자리에서 일으키는 것이 아니라, 버림받은 이들 곁에 머물면서 그들의 벗이 되어주는 영혼의 온기임을 넌지시 일깨워주고 싶은 것인지도 모르겠습니다. 사람들의 시선을 끌만한 능력은 없다 해도 어려운 사람들 곁에 다가서는 일은 누구나 할 수 있습니다. 하지만 눈이 퇴화되어버린 심해어처럼 우리는 우리 이웃들 곁에 다가서는 능력을 잃어버린 채 살고 있는 것은 아닌지 모르겠습니다.

예수께서 버림받고 주변화된 사람들 곁에 선뜻 다가설 수 있었던 것은 그가 길의 사람이었기 때문일 겁니다. 길의 사람은 제도와 관습 그리고 사람들의 기대 속에 갇힐 수 없습니다. 그는 늘 벗어납니다. 그렇기에 불온해 보입니다. 그는 잘 닦여진 길을 걷는 것이 아니기에 스스로 길이 될 수밖에 없습니다. 스스로 길이 된 사람의 운명은 평탄할 수 없습니다. 다시 한 번 베르나르의 이야기를 인용해야 하겠습니다. 그는 어려움에 부딪칠 때마다 "걷는다는 건 모든 접촉에 노출된 일이다. 따라서 호의도 악의도 모두 접하게 되는 것이다. 그냥 침대에서 죽기를 바랐다면 떠나지 말았어야 했다"고 되뇝니다. 모든 접촉에 노출될 각오가 된 사람만이 길을 나설 수 있고 길이 될 수 있습니다. 타자들의 시선과 침입을 막기 위해 담을 높이 둘러치기 시작한 이후 우리는 길 떠나가기를 잊고 삽니다. 악의(惡意) 앞에 노출될 것이 두렵기 때문일 겁니다. 해외여행을 하는 사람들은 많지만 진정한 만남을 위해 자기를 여는 사람은 많지 않습니다. 우리는 어쩌면 집을 이고 다니는 달팽이처럼 자아의 한계를 벗어나지 못하고 있는지도 모르겠습니다.

하지만 여행은 비근한 일상을 떠나 비일상을 체험하기 위한 것이거나, 일상의 삶을 조금 떨어져서 바라보기 위한 것이 아닐까요? 어느 경우든, 길 위에 선 사람은 '내 인생에서 가장 중요한 것이 무엇인가?'를 묻지 않을 수 없습니다. 그런 의미에서 진정한 여행은 자기와 만나기 위한 여정이라 할 수 있습니다. 자기와의 만남이든 타자와의 만남이든 진정한 만남은 우리에게 변화를 요구합니다. 그 요구 앞에 설 용기가 없는 사람, 자기의 취약함을 받아들일 수 없는 사람은 길을 떠나지 않습니다. 키 큰 나무가 우듬지 끝까지 물을 공급하는 것을 삼투압의 원리로만 설명할 수는 없다지요? 나무의 흔들림이야말로 물을 우듬지까지 끌어올리는 펌프질이라는 겁니다. 나무를 흔들어대는 바람은 고마운 바람인 거지요. 젊은 시절부터 저는 삶의 갈피를 잡지 못하는 이들을 볼 때마다 시인 오규원 님의 시구를 즐겨 읊조렸습니다.

> 만물은 흔들리면서 흔들리는 만큼
> 튼튼한 줄기를 얻고
> 잎은 흔들려서 스스로
> 살아 있는 잎인 것을 증명한다.
>
> ─ 〈만물은 흔들리면서〉 부분

나는 흔들림 없이 확고부동한 태도로 살아가는 사람들, '인생은 직선이다' 하면서 앞으로 내달리는 사람들을 보면 괜히 마음이 불편해집니다. 그들의 성취에 대한 부러움은 물론 아닙니다. 의심의 여백이 주어지지 않은 믿음이 독단이 되기 쉬운 것처럼, 일직선으로 달리는 이들이 보이는 경직성이 안타깝기 때문일 겁니다. 나무는 흔들림 없이는 뿌리를 깊이 내릴 수 없고, 줄기도 높이 뻗을 수 없습니다. 흔들리는 나뭇가지 위에 집을 짓는 까치처럼 우리도 어쩌면 흔들림 위에 서있을 때라야 인생의 참 맛을 느낄 수 있는 것 아닐까요?

위험이 두려워 길을 떠나지 않는 사람은 이미 죽은 사람입니다. 넘어지기를 두려워하면 자전거를 배울 수 없습니다. 수영장 물을 마실 각오 없이는 수영을 배울 수 없습니다. 악의를 꺼리면 길을 떠날 수 없고, 특히 '그 길'의 사람이 될 수 없습니다. 떠남은 어쩌면 비약이고 도약인지도 모르겠습니다. 꼬꼬댁거리며 개에게 쫓기던 닭이 어느 순간 혼신의 힘을 다해 지붕 위로 날아오르는 것을 보았습니다. 위기가 없었다면 닭이 지붕에 오르진 않았겠지요. 혹시 지붕에 오르는 취미가 있는 놈이라면 몰라도. 어느 선배가 세상에서 벌어지는 참담한 이들에 대해 아무도 책임지는 이 없는 세태를 탄식하다가 스스로에게 정직(停職)을 명하고 정들었던 목회지를 떠났습니다. 어떤 힘이 그를 그 도약대에 서게 했을까요? 그 도약대에서 바라본 세상 풍경은 이전과는 사뭇 다르지 않았을까요?

마르틴 부버를 인용하지 않더라도 삶은 만남입니다. 누구를 만나느냐가 우리 삶을 결정한다는 말일 겁니다. 세상에는 방점을 찍듯 단 한 번의 만남으로 우리 존재에 불꽃을 당기는 만남이 있습니다. 만해는 그것을 '날카로운 첫 키스의 추억'이라고 했지요? 그런가 하면 아주 서서히, 지속적으로, 둔중하게 우리 마음의 거문고를 울리는 만남도 있습니다. 내가 걸어온 생의 궤적이라는 것도 사실은 다양한 만남의 흔적이라 할 수 있을 것입니다. 그렇다면 하나하나의 만남을 소홀히 할 수 없습니다. 몇 해 전에 돌아가신 무위당 장일순 선생님에 관한 이야기를 읽다가 제 마음이 오랫동안 머물렀던 대목이 있습니다. 시인 김지하의 추억담입니다.

> 댁에서 시내까지 한 20분이면 갈 수 있는 거리를 선생님과 함께 가면 한 시간, 어떤 때는 두 시간씩 걸리는 거야. 하나 바쁜 게 없어. 가다가 아는 사람을 만나면 일일이 인사를 나누시고. 길가에 포장마차가 있으면 거기 들어가서 또 얘기를 하시고. '그동안 잘 지냈느냐?' '그래, 가족들은 모두 건강하냐?' '하는 일은 잘 되냐?' '아버지는 안녕하시냐?' 이렇게 안부를 주고받다 보면 누가 배가 고픈지, 추운지, 울고 있는지 다 알게 되지(최성현, 《좁쌀 한 알》, 도솔, 225쪽).

직선의 시간을 숨가쁘게 살아가는 이들은 좀처럼 맛볼 수 없는 생의 넉넉함이 이 곡선의 궤적 속에 있습니다. 가속 페

달을 깊이 밟을수록 시야는 좁아지게 마련입니다. 요즘 유행하는 말로 인생 별 거 있나요? 그렇게 숨차게 달려봐야 결국 한곳에서 만날 텐데요. 저는 가끔 믿는 이들의 손에는 사랑의 레가토가 들려 있어야 한다고 말하곤 해요. '레가토'는 음악용어인데 몇 개의 음을 부드럽게 이어 부르라는 표시라지요? 화살을 쏘아 사람들을 사랑에 빠지게 하는 그리스 신화의 에로스처럼 믿는 이들은 어떤 이유로든 단절되어 있는 사람과 사람 사이에 사랑의 레가토를 그릴 책임을 지고 있는 것이 아닌지 모르겠어요. 미워하고 편을 가르는 일은 제아무리 고상한 이념으로 무장을 했다 해도 악마의 소행이 아닌가 싶어요. 무속에서도 사람이 저승에 가면 여러 가지 질문을 받는데, 그 중 하나가 다리를 놓아 사람들로 하여금 물을 건너도록 해주었는가(越人功德)라지요? 담은 허물고 다리를 놓아주는 게 믿는 이들의 삶인 줄 알겠습니다.

'우리 만남은 우연이 아냐' 하는 유행가 가사가 있습니다만, 우리가 인생 길 어느 구비를 돌다가 만나 길벗이 되었든 모든 만남은 우리를 자기 초월의 길로 인도하는 것이 아닌가 생각합니다. '이루지는 못했으나 잘못 살지는 않았다', '맨 앞에 서진 못하였지만/맨 나중까지 남을 수는 있어요'라고 고백하는 어느 시인의 노래가 유난히 크게 들리는 요즘입니다. 늘 여여한 모습으로 제 곁을 지켜주셔서 고맙습니다. 저의 시린 손을 잡아주시고, 헤어질 때면 어김없이 사랑의 레

그대는 한 송이 꽃

가토를 내 손에 들려주시는 그 우정이 정말 고맙습니다. 지금도 차가운 강물에 발을 담근 채 징검돌 하나를 놓고 계시지요? 조만간 그 자리에서 만나 뵙고 싶습니다. 평화!

서럽고 고단한

삶이라 해도

제 건강을 염려하는 형의 전화를 받을 때마다 한편으로는 미안해지면서도 다른 한편으로는 고마운 생각이 들곤 해요. "네 몸은 네 것이 아니라, 우주의 것 아니냐!"고 꾸짖으신 말씀 늘 기억하며 살게요. 하지만 기쁘고 즐거운 일보다는 슬프고 아픈 일에 더 많이 반응하며 사는 삶인지라 제 몸을 챙긴다는 게 그리 쉽지는 않아요. 이게 아니지, 하면서도 고통 쪽으로 몸을 기울이는 것은 어쩔 수 없는 저의 버릇인 모양이에요.

올 여름은 제게 참 고단한 시간이었어요. 함께 정을 나누었던 교우들 몇 분이 세상을 떠나셨어요. 속절없이 세상을 떠나는 교우들을 배웅하는 것도 힘겨웠지만, 그보다는 사랑하는 이들을 떠나보내면서 속으로 눈물을 삼키는 가족들의 억제된 슬픔이 더욱 아리게 느껴졌어요. 그런 슬픔에 전염된 것일까요? 바흐의 무반주 첼로 모음곡을 듣다가, 슈만의 피아노 트리오를 듣다가, 맥없이 내리는 빗방울들을 헤아리다가, 방안에 있는 액자들을 물끄러미 바라보다가, 시간 속을 여행하는 모든 살아있는 것들에 대한 연민의 마음이 불쑥 솟구치곤 해서 마음의 갈피를 잡지 못할 때도 있었어요. 모든 것이 소멸의 운명 속에 있다는 생각 때문인지 모두가 다 딱해 보여요. 지나친 감상인가요?

이 세상에 시간을 벗어난 존재가 어디 있겠어요. 그러나 그 중에서도 시간을 의식하며 살아갈 수밖에 없는 인간은 어쩌면 슬픔의 운명을 타고 난 것인지도 모르겠어요. "인간은 죽음에 이르는 존재"라 한 것이 하이데거이지요? 저는 이 구절을 보면서 철학자라는 사람들이 참 시시한 소리를 하는구나 생각했던 때도 있었어요. 사람은 언젠가는 죽게 마련이라는 사실을 모르는 사람이 어디 있겠어요. 하지만 하이데거의 이 말은 인간이란 죽음이라는 한계상황을 의식하면서 '삶의 의미'를 찾는 존재라는 뜻일 겁니다.

저는 아주 어렸을 때부터 존재의 신비를 강하게 의식했던 것 같아요. 비오는 여름날 오후가 되면 습관처럼 뒤란으로 나 있는 쪽문을 열고 초가지붕을 타고 내리는 낙숫물을 바라보며 존재론적인 질문을 던지곤 했어요. '나는 왜 중섭이가 아니고 나인가?', '내가 중섭이네 집에 태어났다면 중섭이처럼 말하고 생각할까?', '내가 만일 없다면 엄마는 지금과 같은 똑같은 분일까?' 대여섯 살 무렵의 기억인 듯 싶은데, 지금 생각해도 참 신비해요. 중섭이는 제일 친했던 옆집 친구였는데, 나는 그 친구를 배경으로 해서 나의 있음을 깨달았던 셈이지요. 내가 이 세상에 없지 않고 있다는 사실이 얼마나 놀라웠던지요. 나중에 성경을 보면서 나의 경험이 보편적인 경험임을 알았어요.

> 내가 있다는 놀라움, 하신 일의 놀라움, 이 모든 신비들, 그저 당신께 감사합니다. 당신은 이 몸을 속속들이 다 아십니다(시편 139:14).

별들의 바탕이 어둠인 것과 마찬가지로 세상에 있는 모든 것은 없음의 바탕에서 바라볼 때 제대로 보이게 마련이지요. 소멸이 있기에 불멸에 대한 꿈도 있는 것이겠지요. 따라서 삶을 제대로 조망할 수 있는 자리는 죽음인지도 모르겠어요. 그렇지만 우리는 실용적인 것에 대해서는 쉴새 없이 말하지만, 정작 중요한 죽음의 문제에 대해서는 입을 다물곤하지요. 어쩌면 이것이 우리 문화의 천박성의 뿌리인지도 모르겠어요. 형은 '천국에는 아라비아 숫자가 없다'고 했지요? 저는 그것을 모든 가치를 수치로 계량화하고, 가치에 순위를 매기는 서열화의 반생명성을 지적한 말씀으로 받아들였어요. 계량화, 서열화 사회에서 죽음의 자리는 없겠지요?

자연스런 죽음조차 기휘하는 세상인데, 스스로 목숨을 끊는 이들은 점점 늘고 있어요. 어느 교장 선생의 자살, 성적을 비관한 어느 학생의 자살과 그 뒤를 따른 아버지의 자살, 생활고를 못 이겨 어린 자녀 셋과 동반자살을 택한 어느 여인의 죽음, 참 기가 막힐 노릇이에요. 특히 그 여인이 죽기 며칠 전에 교회에 다니는 이웃집 할머니에게 "교회에 가면 마음이 편해요?" 하고 물었다는 보도를 보면서 더욱 마음이 아팠어요. 또 어느 재벌그룹 회장의 자살은 그야말로 충격이었지요.

저는 이 사회가 자살을 부추기고 있다는 생각에 현기증을 느꼈어요. 사회학자들은 우리 사회의 자살을 아노미적 자살로 설명하더군요. 자기의 욕망을 충족시킬 수 있는 수단은 막혀 있고, 사회는 모순으로 가득 차 도무지 정의를 기대할 수 없다는 회의감에 사로잡힐 때 사람들은 자살을 선택하게 된다는 것이지요. 스스로에게 죽음을 부과함으로써 부정적인 방법으로나마 사회에 대해 보복을 하는 것이지요. 그래요, 포르노그라피적 세상, 곧 욕망을 확대재생산 하지만 그 욕망의 충족이 기쁨을 주기보다는 새로운 공허감을 자아내는 이 세상이 죽음을 부추기고 있어요.

해결? 그런 게 있을까요? 자살은 죄라고, 죽을 힘으로 살아야 한다고 말하는 이들의 상식적이고 지당하신 말씀이 틀린 것은 아니지만, 그 말은 자살의 자리에 몰린 사람들에게 아무런 힘이 될 수 없을 거예요. 자살을 택하는 사람들은 어쩌면 자기들의 땅에서 유배당한 사람들이 아닌가 싶어요. 설

서럽고 고단한 삶이라 해도

땅을 잃은 거지요. "교회에 가면 마음이 편해요?"라는 질문은 설 땅을 잃은 자의 눌함(訥喊)이 아닐까요? 우리가 믿는 자로서 살아간다는 것은 어쩌면 누군가의 '설 땅'이 되어주는 것인지도 모르겠어요. 젊은 날, 정의 없는 세상에 대한 회의에 빠져 사람들과의 소통의 통로를 끊으려 했던 내게 형이 넉넉하고 아늑한 '설 땅'이 되어 주었던 것처럼 말이에요. 하지만 '설 땅'을 밖에서 찾는 한 우리는 언제나 지치고 낙심할 수밖에 없을 거예요. 외부에 있는 '설 땅'은 유빙(流氷)처럼 떠다니게 마련이니까요. 스스로 자기 속에 옹골진 '설 땅'을 마련해야 해요. 그것을 주체성이라 해도 좋겠고, 삶의 의미라 해도 상관이 없을 거예요.

프랑스인들이 가장 사랑하는 사람은 집 없는 이들의 아버지인 피에르 신부래요. 두 번째가 지금은 감독이 되었지만 당시 축구선수였던 지네딘 지단이구요. 저는 피에르 신부의 책을 읽다가 눈이 번쩍 떠지는 경험을 했어요. 그가 엠마우스 운동(집 없는 사람들과 소외자들을 돕기 위한 빈민구호 공동체)을 시작하게 된 것은 자살을 기도했던 한 사내와의 만남이 계기가 되었대요. 그 사내는 인생의 막장에 몰려 죽음만을 생각하고 있던 차에 피에르 신부와 만났어요. 그는 자기가 살아온 이야기를 신부에게 다 털어놓았지요. 피에르 신부는 사내의 이야기를 다 듣고 난 후에, 그의 절망에 깊이 공감했어요. 그러면서도 자기로서는 해줄 수 있는 것이 아무 것도 없다고 실토했어요. 그러고는 자기가 수도사가 되려고 유산을 포기한 이야기며, 비참한 상황 속에 있는 사람들을 위해 집을 짓느라고 자기의 모든 것을 투입한 이야기를 들려준 후에 정말 엉뚱하게도 그에게 이렇게 말했대요.

당신을 위해 내가 해줄 수 있는 게 없군요. 한데 당신은 죽기를 원하니 거치적거릴 게 아무 것도 없지 않습니까. 집이 다 지어지기만을 기다리는 어머니들을 생각해서라도 이 집짓기가 빨리 끝날 수 있도록 죽기 전에 나를 좀 도와주지 않겠소?(피에르, 《단순한 기쁨》, 34쪽)

조르주라는 그 사내는 그러겠다고 답하고는 곧 피에르의 집짓기 현장에서 일을 시작했어요. 나중에 그는 이렇게 말했대요. "신부님께서 제게 돈이든 집이든 일이든 그저 베푸셨더라면 아마도 저는 다시 자살을 시도했을 겁니다. 제게 필요한 것은 살아갈 방편이 아니라 살아야 할 이유였기 때문입니다." 그는 그 후에도 가난한 사람들과 절망한 사람들을 도우며 살았대요. 절망자가 구원자가 된 것이지요. '살아갈 이유'야말로 우리가 '설 땅'이 아닐까요? 왜 사는지를 아는 사람은 어떻게든 살아갈 수 있다지요? 수가성 우물가에서 한 여인의 가슴 속에 희망의 샘물이 솟구치게 하신 예수님께서 하신 말씀이 기억나네요.

서럽고 고단한 삶이라 해도

나의 양식은 나를 보내신 이의 뜻을 행하며 그의 일을 온전히
이루는 이것이니라(요한복음 4:34).

내가 이 세상에 보냄을 받았다는 사실에 대한 확고한 인식
이야말로 우리 삶이 절망의 심연으로 밀려가지 않도록 해주
는 닻이 아닐까 싶어요. 우리는 어떤 소명을 가지고 이 세상
에 왔을까요? 물론 이 대답은 스스로 찾아야 해요. 모두에게
적용되는 보편적인 해답은 어쩌면 없는지도 몰라요. 그래서
우리 실존은 늘 흔들리면서 중심을 잡아가는 것이겠지요. 인
생의 의미 혹은 소명에 대한 명증한 답이 없다면 남는 것은
허무인가요? 어쩌면 인생은 그런 질문 속에서 존립하는 것
이 아닐까요?

형도 좋아하는 랍비 아브라함 조수아 헤셸은 인간은 누구
나 '원본'으로 태어났다고 했어요. 문제는 우리가 '복사본'의
삶을 택한다는 것이지요. 남과 구별되기를 원하면서도, 같아
지지 않으면 불안해지는 우리들의 모순된 모습을 이보다 적
절하게 드러낸 말은 없는 것 같아요. '나는 원본이다.' 나 자
신에 대해 절망하고, 세상에 대해 절망하다가도 이 우주 가
운데 나와 똑같은 존재가 하나도 없다는 사실을 기억해내고
는 경이감에 사로잡히곤 해요. 반지름만 7,000만 광년이
된다는 이 우주 가운데 내가 있다는 사실이 기적이 아니고
무엇이겠어요. '나는 아무 것도 아닌 존재가 아니구나. 나는

그대는 한 송이 꽃

나 아닌 어느 누구도 줄 수 없는 선물을 가지고 이 세상에 왔구나. 하나님이 나를 창조하신 것은 뭔가 목적이 있구나. 내가 하나님의 형상대로 지으심을 받았다는 사실은 결국 하나님의 일을 해야 할 존재라는 뜻이구나.' 목적에 대해 말하면 코웃음부터 치고 보는 사람들이 있지만, 저는 모든 개별자의 삶에는 분명히 어떤 보편적인 목적이 있다고 믿어요. 설마 형도 웃고 계시지는 않겠지요?

내 삶이 아무리 시시해 보여도 그걸 긍정할 줄 아는 내적 힘이 필요한 것 같아요. 연암 박지원이 남긴 문장 가운데 이런 게 있어요.

본 바가 적은 자는 백로를 보고서 까마귀를 비웃고, 오리를 보고서 학을 위태롭게 여긴다. 사물은 절로 괴이할 것이 없건만 자기가 공연히 화를 내고, 한 가지만 같지 않아도 온통 만물을 의심한다. 아! 저 까마귀를 보면 깃털이 그보다 더 검은 것은 없다. 그러다가 홀연 유금빛으로 무리지고, 다시 석록빛을 반짝인다. 해가 비치면 자줏빛이 떠오르고, 눈이 어른어른하더니 비췻빛이 된다(박지원, 「菱洋詩集序」).

본디 정해진 빛깔이 없는데 우리가 먼저 마음으로 빛깔을 정하고는 검다느니 희다느니 하면서 차별의 상을 만들고는 하지요. 게다가 자신도 모르는 사이에 남들이 덧입혀준 색깔

서럽고 고단한 삶이라 해도

을 나의 본디 모습인 줄 알고 우쭐거리거나 터무니없는 자기 비하에 빠지기도 일쑤이지요. 변덕스럽기 이를 데 없는 사람의 마음에 중요한 것은 나의 '능력'이나 '모습'이 아니라, 내가 누구를 향하고 있나 일 거예요. 까마귀 깃털 같은 우리라 해도, 하나님의 은총의 빛을 만나면 영롱한 생명으로 거듭날 수 있을지 누가 알아요? 헨리 뉴엔 신부가 장애우들의 공동체인 라르슈에 머물 때 남기신 일기를 읽다가 이런 구절을 만났어요.

> 네 스스로를 판단하지 말라. 너 자신을 단죄하지 말라. 너 자신을 배척하지 말라. 네 마음의 가장 깊고 가장 은밀한 구석구석까지 내 사랑이 비쳐들어 너의 아름다움을 들추어내게 하라. 내 자비의 빛이 비치면 네가 이제껏 망각하고 있던 네 아름다움이 또 다시 네 눈앞에 떠오르리라. 어서 내게 오너라. 내가 네 눈물을 씻어주고 네 귀에다 입을 바싹대고 속삭여주리라. '나는 너를 사랑하노라, 나는 너를 사랑하노라, 나는 너를 사랑하노라' 하고 (헨리 뉴엔, 《새벽으로 가는 길》).

우리는 어쩌면 우리 자신의 아름다움을 한 번도 보지 못했는지도 몰라요. 아무도 우리를 보고 아름답다고 말해주지 않았으니까요. 나는 예수님께서 투박한 갈릴리의 어부 시몬에게서 반석 곧 '베드로'를 보아내셨다는 사실을 생각할 때마다 가슴이 뛰어요. 타락한 세상의 눈길들은 서로의 허물 찾기에 익숙하지만, 예수님의 눈길은 각 사람 속에 깊이 감추어진 작은 가능성을 크게 보신다는 사실을 생각하면 용기가 나요. 나를 향한 주님의 시선도 그러하리라는 사실을 자각하는 순간, 잿빛으로 보이던 삶은 돌연 화창한 삶으로 바뀌곤 해요.

하나님 앞에 서는 순간 우리는 왜 모세처럼, 아브라함처럼, 아우구스티누스처럼 살지 못했느냐는 질문을 받지 않는대요. 그런 질문은 사실 잘못된 것이지요. 나는 나일뿐이니까요. 우리가 염려해야 하는 것은 남처럼 살지 못하는 것이 아니라, 나로서 살지 못하는 것이 아닐까요? 다양한 꽃들이 피어나 조화를 이루는 정원처럼 자기 몫의 삶을 온새미로 살아낼 때 우리는 비로소 이 땅에 온 뜻을 이룰 수 있겠지요?

때때로 형이 살아가는 모습을 부러워 할 때도 있었어요. 수렁처럼 질척이는 일상 속에 매여 옴짝달싹 못하는 내 처지에서 보면, 매인 데 없이 가뿐한 형의 보행법이 여간 부러운 게 아니거든요. 하지만 그것은 하릴없는 대안동경이겠지요? 시간 속을 여행하는 우리 삶의 기본 조건이 불안이라는데, 비애 없는 삶이 어디 있겠어요? 내 삶의 현실을 사랑해야지요. '지금 여기서'의 삶을 충만하게 살지 못하고, 행복을 자꾸 유보하는 한 우리는 투덜거리다가 생을 마칠지도 모르잖아요. 삶의 틈서리를 더듬는 우리 영혼의 촉수가 예민하다면,

고통이나 아픔 속에서도 기쁨과 감사를 찾아내는 일이 불가능한 일만은 아닐 거예요.

물론 내가 나로서 살아가는 일이 타인과의 관계 단절을 의미하지는 않을 거예요. 바람에 넘어진 벼가 서로에게 기대며 일어서듯이, 사람은 서로의 생을 지탱해주는 버팀목이 되어야겠어요. 그러고 보니 사람 '인' 자가 두 사람이 서로 기대고 서있는 모양이라는 게 참 신기하네요. 형은 내게 늘 든든한 버팀목이 되어 주셨어요. 일상의 덫에 치여 비틀거릴 때마다 형의 느릿느릿하고 다정한 음성을 듣고 나면 새 힘이 나곤 했지요. 형의 말 말고, 형의 음성은 '별 거 아니야. 너무 심각해 하지 마' 하고 말했어요. 나는 그렇게 들었어요. 우리가 겪는 고통이 자못 심해도 삶이 아름다울 수 있는 것은 그 고통을 함께 나누는 사람들이 있기 때문일 거예요. 요즘 들어 고통을 나누는 능력이 곧 인간됨의 깊이라는 확신이 생겼어요. 예수님은 '참 인간이며 참 하나님'이라고 고백하는 기독교의 전통은 바로 이런 사실을 가리키는 것이 아닐까요? 히브리서는 그것을 감동적으로 드러내줘요.

우리에게 있는 대제사장은 우리 연약함을 체휼하지 아니하는 자가 아니요 모든 일에 우리와 한결 같이 시험을 받은 자로되 죄는 없으시니라(히브리서 4:15).

주님의 손길이 머무는 곳마다 생명의 파랑바람이 일었던 것처럼 우리의 손길이 닿는 곳마다, 우리의 눈길이 미치는 곳마다 생명의 신바람이 일어났으면 좋겠어요. 처서를 앞둔 교회 마당가에 뒤늦게 피어난 하얀 옥잠화를 보면서 하나님의 때를 생각했어요. 저마다 때가 있는 것을, 너무 서두를 것도 없고, 너무 게으름 피울 것도 없고, 자기 생각과 몸의 속도대로 여유롭게 살아야겠어요. 자기 속도를 잃으면 삶의 아름다움을 맛볼 수 없을 테니까요. 기대와 현실 사이의 부조화가 아무리 깊어도, 스스로가 아무리 낯설게 여겨져도, 산 자의 땅에 있다는 것은 분명 멋진 일이니까요. 기쁨과 즐거움, 그리고 슬픔과 고통이 뒤섞인 우리 삶의 잔을 마지막 한 방울까지 다 맛보고 가야겠지요? 어쩌면 쓴맛이야말로 우리 존재를 한껏 고양시키는 묘약인지도 모르지요. 형, 올해도 잘 무르익으시기 바라요.

서럽고 고단한 삶이라 해도

하늘을

나누지 말라

긴 여름이 지나고 접시꽃, 나리꽃, 양달개비가 비워놓은
자리를 분꽃과 나팔꽃과 해바라기가 채우고 있습니다. 철들
긴 그른 세상인 듯 싶어도 계절은 어김이 없습니다. 권태응
님의 동시 〈꽃시계〉가 떠오릅니다. "나팔꽃 피면 언니 학교
갈 시간/해바라기 고개 들면 소죽 퍼서 줄 시간/분꽃이 웃으
면 엄마 저녁 할 시간." 꽃들은 똑딱똑딱 소리는 못내도 시간
은 척척 맞춥니다. 늦은 오후 일상에 지친 머리를 식힐 겸 화
단에 나서면 하얀 분꽃이 환한 웃음으로 맞아줍니다. 아침에
교회 문에 들어서면 나팔꽃이 활짝 피어 소리 없는 소리로
세상을 깨우고 있습니다. 나팔꽃을 볼 때마다 "나팔꽃도 어
울리게 피었습니다" 하는 노랫말이 떠오릅니다. '어울리게'
라는 단어가 사무치게 좋아 하염없이 바라봅니다. 분주한 일
상, 폭력에 가까운 불협화음을 견디며 살고 있는 우리에게
'어울림'이라는 단어는 얼마나 낯선 것이 되었는지요?

며칠 전에 10년 전 세상을 떠나신 일아(一雅) 변선환 선생

님을 기리는 모임에 다녀왔습니다. 이웃한 종교들 사이에 막혀 있던 대화의 통로를 트고, 각 종교인들은 함께 협력하며 살아야 할 소중한 도반임을 깨우치기 위해 고분분투하시다가 힘이 부쳐 쓰러지신 선생님을 추모하는 모임이었습니다. 그래서였나요? 회중석에는 스님들과 수녀님 그리고 원불교의 교무님들이 눈에 많이 띄었습니다. 특히 비구니 스님, 가톨릭과 성공회의 수녀님, 교무님 등 여성 수도자들이 함께 모여 조직한 중창단인 '삼소회'(三笑會)는 축가를 불러 그 자리를 더 뜻깊게 만들었습니다. 먼저 십자가를 향해 두 손을 모은 후에 회중을 향해 돌아선 그분들은 "당신은 사랑 받기 위해 태어난 사람"을 불렀습니다. 익숙하지 않은 노래를 부르느라 애쓰는 모습이 회중들의 마음을 움직였나 봅니다. 그분들이 다음 곡인 "사랑으로"를 부르기 시작하자 회중들의 마음도 하나가 되어 중창은 이내 합창으로 바뀌었습니다.

아련히 신학교 신입생 시절이 떠올랐습니다. 일아 선생님은 신학의 여정을 시작하려는 우리에게 두 가지 말씀을 하셨습니다. 하나는 지금까지 우리가 안다고 생각했던 것, 믿었던 것들에 의문을 붙일 용기를 가지라는 것이었습니다. 둘째는 우리가 지향해야 할 세상은 다양한 가치가 공존하는 세상이어야 한다고 하셨습니다. 그러면서 이 세상을 아름다운 정원에 빗대 말씀하시곤 했습니다. 한 종류, 한 빛깔의 꽃으로만 가득 찬 정원을 상상해보라시면서, 선생님은 다양한 꽃들이 조화롭게 공존하는 꽃동산의 아름다움을 열정적으로 그려 보였습니다. 일사불란(一絲不亂)의 세계는 아름답지도 건강하지도 않다는 말씀은 당연한 듯하면서도 매우 충격적으로 다가왔습니다. 바벨탑의 언어가 지배하고 있던 그 시기, 지배자가 뚫어준 바늘구멍을 통해서만 세상을 보도록 강요받고 있던 그 시기에, 선생님은 다양한 가치가 평화롭게 공존하고 다양한 시선이 조화롭게 어울리는 세상의 꿈을 우리에게 심어주셨습니다.

생명의 본질은 비스듬히 기댐입니다. 세상에 있는 어떤 것도 홀로는 설 수 없습니다. 바람에 쓰러진 나무도 비스듬히 자신을 받쳐주는 다른 나무 덕분에 생명을 이어갑니다. 무인도에서 28년을 보낸 로빈슨 크루소도 함께 살아왔던 이들에 대한 빛나는 기억이 없었다면 살 수 없었을 겁니다. '소 훔(So Hum)'은 '그대가 있어 내가 있다'는 뜻의 산스크리트어입니다. 이 말은 단순하지만 강력하게 생명의 실상을 꿰뚫고 있습니다. 이것을 알고 사느냐, 부정하고 사느냐가 삶의 질을 결정합니다. 정직히 우리 자신을 돌아봅니다. 우리는 어울림의 기쁨과 신비를 잃은 채 무정한 시간 속에서 멀미를 하고 있습니다. 사람들이 높은 산에 올라가거나 드넓은 바닷가에 서면 왜 깊은 침묵 속에 잠기는 것일까요? 그것은 일상의 경험과는 비교할수도 없이 넓은 지평이 그의 앞에 있기 때문일 겁니다. 가장 소중한 것으로 여겼던 것들이 사실은 사소한 것인지도 모른다는 자각이 사람들로 하여금 침묵하게 만듭니다. 영성이란 '전체의 뜻으로 수정된 마음'입니다. 그 마음을 잃고 살기에 우리는 비틀거립니다.

차의 속도가 높아갈수록 전망은 협소해지는 것처럼, 분주함이 우리에게서 전체에 대한 매혹과 어울림의 감성을 빼앗아갔습니다. 타락이란 바로 이런 것이 아니겠습니까? 어느 인디언 가정에 아기가 태어났습니다. 부부도 기뻐했지만, 누구보다도 아기를 반기는 것은 다섯 살짜리 누나였습니다. 누나는 동생과 홀로 있는 시간을 원했습니다. 염려가 되긴 했지만 부모는 딸의 청이 하도 간곡한지라 아기 곁에 홀로 머물도록 해주고는, 문설주 뒤에 숨어 아이가 하는 양을 지켜보고 있었습니다. 아기의 침대 곁에 다가간 누나는 아이의 귀에 대고 말했습니다. "나에게 하늘에 대해 말해주지 않을래? 나는 너무나 오랫동안 하늘을 잊고 살아왔어."

종교란 사람들이 까맣게 잊고 살고 있는 하늘에 대해 말해주고, 지금 울고 있는 이의 눈물을 닦아주고, 배고픈 이를 위해 밥상을 차리고, 일상의 시간 속에 영원의 숨결을 불어넣는 데 그 본령이 있는 것 아니겠습니까? 이 소중하고 시급한 일을 위해 다양한 종교들이 사랑의 광장에 나와 서로의 경험으로부터 배우고, 함께 협력할 수 있다면 얼마나 좋겠습니까? 니코스 카잔차키스는 이렇게 노래합니다.

우리는 모두 하나, 우리는 모두/위기에 처해 있는 본질이다./
만일 세계의 저 먼 끝에서 어떤 영혼이/타락한다면, 그것은 우
리의 영혼을/그 자신의 퇴락 속으로 끌어내린다./만일 세계의
저 먼 끝에서 한 사람이/백치가 되고 있다면, 우리 자신의 관
자놀이도/암흑으로 넘치게 된다.

얼마 전 월정사 스님들과 신부님들의 족구시합이 있었다
는 소식을 들었습니다. 아름다운 공존의 한 상징이 될 듯싶
은 그 소식을 듣고 마음이 쓰렸습니다. 개신교 목사님들이
그 초청을 거부했다는 소식이 들려왔기 때문입니다. 편협함
은 하늘을 나누는 행위입니다. 사탄은 나누고 하나님은 하나
되게 합니다. 희망은 여기에 있습니다.

고요함 속에서 부르는

생명의 노래

　해외 근무를 위해 출국하면서 잠시 휴가 기간을 이용해 미국에 들른 교회 청년이 자기 블로그에 '월든 호수'를 찍은 사진을 올려놓았습니다. 여러 해 전 청년들과 헨리 데이빗 소로우의 《월든》을 읽은 적이 있었는데, 감수성이 예민한 그 청년은 언젠가 월든 호수를 꼭 방문하고 싶어 했고 마침내 꿈을 이룬 것입니다. 호수를 보고 싶은 마음도 있었겠지만 세상에 길들여지기를 거부하며 철저한 자유인으로 살았던 소로우의 숨결을 느껴보고 싶은 마음이 더 컸던 것은 아닌지 모르겠습니다. 사진을 보는 순간 나도 모르게 소로우의 의자가 떠올랐습니다.

　내 집에는 세 개의 의자가 있다. 하나는 고독을 위한 것이고 다른 하나는 우정을 위한 것이며, 세 번째 것은 사교를 위한 것이다.

나는 마음속 고독의 의자에 앉아 월든 호수를 가만히 내려다보는 호사를 누렸습니다. 소로우가 슬며시 다가와 하염없는 눈길로 호수를 바라보는 듯 했습니다. 적요로운 마음에 평화가 찾아들었습니다.

도시에 살면서 마음이 한가로웠던 때가 없는 것 같습니다. 도시의 건설자가 가인이라는 성경의 증언은 시사해주는 바가 많습니다. 어딘들 그렇지 않겠습니까만 도시는 특히나 경쟁의식이 지배하는 곳입니다. 마르틴 하이데거는 타락한 현대인의 특색을 '호기심', '쓸데없는 말', '평균적 일상성에의 집착'을 들었습니다. 남에게 뒤쳐질까 주위를 두리번거리고, 무능한 사람처럼 보이기 싫어 사사건건 말추렴하고, 남과 구별되기를 원하면서도 결국은 남과 같아지려 안간힘을 다하는 것이 우리의 모습입니다. 경쟁의식이 내면화되면서 마음에 불이 붙었습니다. 마음에 불이 붙었으니 가만히 있지를 못합니다. 존재가 아니라 소유와 행동을 정체성의 뿌리로 삼다보니 안달하지 않을 수 없습니다. 가위눌림에서 스스로 깨어나기 어렵듯이 뭔가 이건 아닌데 하면서도 그런 현실의 질곡으로부터 좀처럼 벗어나지 못합니다.

신들을 찾아 나선 여행길이 고되어서 지쳤으면서도 너는 '헛수고'라고 말하지 않는구나(이사야 57:10).

그대는 한 송이 꽃

가끔은 멈추어 서서 걸어온 자취를 돌아보아야 합니다. 영혼이 왜 이리도 팍팍하게 되었는지, 작은 자극에도 왜 그리 성마르게 반응하며 사는지, 세상의 아픔에 대해 어쩜 이리도 둔감하게 되었는지 말입니다. 하비 콕스는 '현대인의 우상은 출세'라고 말했습니다. 출세는 돈과 인기와 권력으로 치환됨을 알기에 사람들은 출세에 집착합니다. 출세를 위해 이곳저곳 기웃거리다보니 고요함을 잃었습니다. 흐르는 물에 얼굴을 비춰 볼 수 없는 것처럼 고요함이 없는 마음에 하늘은 비치지 않게 마련입니다.

몇 해 전 영국의 브리스톨에 간 적이 있습니다. 존 웨슬리 목사의 유적을 몇 군데 둘러보고, 서점도 둘러보고, 공원도 걷다보니 조금 피곤해졌습니다. 그런데 어느 허름한 집 옆을 지나는데 문득 그 집 대문 위에 이런 문구가 눈에 뜨였습니다.

초대받든 초대받지 않든 하나님은 이곳에 계신다.

나는 끌리듯 그 집 대문을 두들겼습니다. 앞치마를 두른 내 또래의 아주머니가 문을 열었습니다. 대문 위의 쓰여 있는 문구를 보고 문을 두드렸다고 말하자, 아주 반갑게 집안으로 맞아주었습니다. 잠시 대화를 나누다보니 그는 대학에서 영성 신학을 가르치는 교수였습니다. 대화가 토마스 머튼 신부의 영성에 대한 이야기에 이르자 우리 사이의 친밀함은 더욱 커졌습니다. 그는 차를 끓여 내오더니 집 뒤꼍에 있는 정원으로 안내해주었습니다. 그곳이 자기에게는 기도와 사색의 장소라면서 고요함을 맛보라고 말했습니다. 꽃이 만개한 정원에 앉아 나는 영문 모를 환대에 마냥 기뻐했습니다. 낯선 이에게 주어진 그 무조건적인 환대는 내 영혼 깊은 곳을 툭 건드렸습니다. 한참을 앉아 있다가 나오는데 출입구 한 켠에 걸린 칠판에 그가 남긴 인사말이 있었습니다.

> 지금은 침묵 기도 시간이어서 인사를 못 드립니다. 안녕히 가십시오. 하나님의 은총을 빕니다.

돌아나오는 내게 여행객의 고단함과 외로움은 이미 사라지고 없었습니다.

진정한 쉼이란 마음을 내려놓는 것임을 그때 배웠습니다. 평안, 정적, 휴식을 자신에게 허락하지 않는 성급함을 인류의 중죄라고 말한 카프카의 말이 옳습니다. 우리는 자기 집을 이고 다니는 달팽이처럼 살아갑니다. 무겁지만 어쩔 수 없다고 말합니다. 하지만 지켜야 하는 자아가 우리를 지치게 만듭니다. 그런데 여기 인생의 무거운 짐을 지고 가면서 지친 이들의 품이 되어주마고 약속하신 분이 계십니다. 나를 속이는 내 마음의 괴로움을 숨김없이 내놓을 수 있는 분, 허망에 대한 생래적 기호를 가진 우리를 탓하지 않고 품어주는 분, 사람들을 부둥켜안을 때 그 팔이 한없이 늘어나는 분에게로 나아가기 위해서는 침묵이라는 길을 거치지 않으면 안 됩니다. 문제는 소란에 길들여진 영혼이 침묵을 견디지 못한다는 것입니다. 자기와의 대면을 꺼리는 사람들은 소란함으로 도피하곤 합니다.

지금 내 앞에는 지거 쾨더(Sieger koeder) 신부의 그림 한 장이 놓여 있습니다. 붉은 망토로 온 몸을 가린 엘리야가 동굴 앞에 무릎을 꿇고 앉아 있습니다. 산 너머로 벼락이 치고 있고 산에는 불길이 치솟습니다. 지진이 일어나 산이 갈라졌습니다. 오른손으로 얼굴을 가린 엘리야의 왼손 바닥 위에 나뭇잎 한 장이 조용히 내려앉았습니다. '세미한 음성'의 형상화일 것입니다. 엘리야의 눈·코·입·귀는 모두 손과 망토로 가려져 있습니다. 세상을 향한 감각의 창문이 모두 닫힌 상태, 자신의 내면만을 응시하면서 그는 신의 음성을 듣습니다. 침묵 속에서 들려오는 소리입니다. 그 침묵은 세상의 어떤 소란도 깨뜨릴 수 없이 단단합니다. 그리고 그 침묵의 소리는 그를 재창조하는 신의 숨결입니다.

예수님은 분주한 일상을 뒤로 하고 늘 한적한 곳을 찾아가 하나님 앞에 엎드리셨습니다. 아버지와의 사랑에 찬 대면, 그것이야말로 예수님의 가장 깊은 쉼이었고, 새 날의 문을 여는 행위였던 것입니다. 나는 타고르의 노래로 여름을 맞이합니다.

고요함 속에서 부르는 생명의 노래

오늘

여름은 나의 창가에 와서 한숨지며 속삭이고

별들은 꽃이 만발한 정원에서

시를 노래합니다.

지금은

당신과 얼굴을 마주하고 앉아서

이 고요함 넘치는 휴식 속에서

생명을 찬미하는 노래를 부를 때입니다.

만파식적의

꿈

가을이 왔으나 가을 같지 않은 기온입니다. 가을 가뭄이 극심하여 나뭇잎들도 단풍을 만들지 못하고 오그라들고 있다는 소식을 들었습니다. 세상 모든 것이 시절의 리듬을 타야 아름다운 법인데, 세상살이에 두서가 없다보니 자연도 몸살입니다. 그럼에도 불구하고 자연은 여전히 아름답습니다. 며칠 전 설악산을 다녀온 후배는 구룡영 쪽에서 만난 절경에 입을 다물지 못했다고 말했습니다. 분주함 속에서 숨을 헐떡이고 있는 저로서는 그의 여유가 참 부러웠습니다. 생각해보면 안달복달할 것 없는 인생인데, 왜 이리도 허둥거리는지 모르겠습니다. 하늘은 정말로 아끼는 사람에게 한가로움이라는 여유를 준다는데, 한가로움은 제 팔자가 아니라고 스스로 치부하고 지냅니다. 지금도 오후 시간에는 여전히 산책을 즐기시겠지요? 그 철학적 산보에 저도 꼭 동참하고 싶습니다.

저는 지금 한반도에 드리우는 죽음의 그림자를 불길한 마음으로 바라보고 있습니다. 해질녘이 되어 찾아오는 어둠은 품이 되어 우리를 감싸지만, 한낮에 찾아오는 어둠은 묵시문학적 공포로 우리를 몰아갑니다. 이스라엘의 해방을 거부했던 이집트에 덮였던 사흘 동안의 어둠, 저는 지금 이집트인이 되어 그 날의 불길함을 온몸으로 느낍니다. 궁지에 몰린 북한은 핵실험을 통해 살 권리를 보장받으려고 하고, 국제사회는 발빠르게 북한을 제재하는 일에 마음을 모았습니다. 그렇게 신속할 수가 없습니다. 국내의 보수주의자들의 목소리는 점점 높아갑니다. 그들은 이번 기회에 본때를 보여주어야 한다면서, 분쟁을 두려워하면 아무 것도 할 수 없다고 을러댑니다. 역사의 길항 작용은 어쩔 수 없는 것이라 해도, 명철하고도 이성적인 판단보다 감정을 앞세우는 이들의 목에 드러난 핏줄이 참 위태로워 보입니다. 너무 오랫동안 평화를 미워하는 이들 곁에 머물러왔다고 노래하는 히브리 시인의 탄식이 큰 울림으로 다가오는 이즈음입니다.

우는 사자가 삼킬 자를 찾아다니며 으르렁거린다지요? 잘 살기 위해 밖으로만 떠도느라고 돌봄을 받지 못한 우리 마음은 이미 묵정밭으로 변해버린 것은 아닌지 모르겠습니다. 정의를 마치 독점한 것처럼 큰소리치는 영웅주의자들의 소리가 이제는 소음처럼 듣기 싫어졌습니다. 누구라도 일어나 마음과 전쟁을 부추기는 이들의 허위의식을 폭로해야 합니다. 호메로스의 《일리아스》에 등장하는 수다장이 테르시테스를 기억하시는지요? 트로이 전쟁이 9년 차에 접어들자 군인들은

그대는 한 송이 꽃

점차 그 무의미한 전쟁에 염증을 느끼고 가족이 기다리는 고향으로 돌아가려고 합니다. 그러자 이타카 출신의 장군 오뒷세우스가 일어나 아카이아 인들의 함선들 사이로 나아가 겁쟁이처럼 겁을 내는 것은 자유인의 이상에 어울리지 않는다며 전쟁을 독려하지요. 그의 목소리는 노호하는 바다의 물결이 해안에 부딪쳐 울부짖는 것처럼 들렸답니다. 그가 막사에 돌아왔을 때 다른 사람들은 모두 자리를 지키고 침묵하고 있었지만, 테르시테스 혼자서 전쟁주의자인 왕들을 비난합니다. 수많은 사람이 죽고 죽이는 전쟁을 통해 이익을 보는 것은 결국 왕뿐이라는 것이지요.

아가멤논의 막사에 아리따운 여인들이 늘어나는 것, 장군들의 막사에 명예의 선물, 곧 전리품이 늘어나는 것 말고 전쟁이 주는 이익이 무엇이냐고 그는 투덜거립니다. 정말 비겁한 것은 전쟁을 그만 두는 것이 아니라, 그런 전쟁을 계속 수행하는 것임을 그는 넌지시 말하고 있습니다. 영웅들의 시대에 테르시테스 같은 이의 존재는 그 자체로 부끄러움이었는지도 모릅니다. 앞을 보지 못하는 호메로스는 그래서인지 그의 용모를 아주 부정적으로 그리고 있습니다.

그는 일리오스에 온 사람들 중에서 가장 못생긴 자로 안짱다리에다 한 쪽 발을 절었고, 두 어깨는 굽어 가슴 쪽으로 오그라져 있었다. 그리고 어깨 위에는 원뿔 모양의 머리가 얹혀 있었

만파식적의 꿈

수다쟁이 테르시테스의 말은 자칫하면 일사불란한 아카이
아인들의 강철대오를 무너뜨리는 위험한 폭약이 될 수도 있
었습니다. 그래서 오뒷세우스는 아가멤논의 홀(笏)을 들어 그
의 등과 어깨를 내리칩니다. 맷자국이 벌겋게 솟아오르자 그
는 겁에 질려 자리에 앉았고 아픔을 이기지 못하여 당황한
얼굴로 눈물을 닦습니다.

이 보잘것없는 사내가 제 뇌리에 자꾸만 떠오르는 까닭이
무엇인지요? 그는 '벌거숭이 임금님'의 벌거벗음을 폭로한
아이처럼 거짓과 위선을 꿰뚫어보는 눈을 가지고 있습니다.
뿐만 아니라 그는 모두가 침묵하고 있는 상황에서 해야 할
소리를 합니다. 비록 그 때문에 매를 맞고 죽임을 당할지라
도 말입니다. 나중에 그는 아카이아의 영웅 아킬레우스가 트
로이를 지원하던 아마존 여인국의 여전사 펜테실레이아를 죽
인 후 잠자듯 고요한 그녀의 자태에 넋이 빠진 아킬레우스를
보며 '네크로필리아'라며 비난했다가 죽임을 당합니다. 지금
우리는 아킬레우스처럼 죽임에 매혹당하고 있는 이들이 세상
을 지배하고 있는 것은 아닌지 냉철하게 따져보아야 할 때인
것 같습니다.

돌아가신 전우익 선생님은 무슨 주문이라도 외워서 이 나

라를 휩쓸고 있는 미친 바람을 잠재울 수 있다면 좋겠다고 말씀하셨습니다. 투기 바람, 조기 교육 바람, 영어 교육 바람, 성장주의의 바람…. 스페인의 영화감독 페드로 알모도바르는 라만차의 바람이 그 지역 사람들을 미치게 한다고 했습니다. 바람이 든 영혼은 고요함을 견디지 못합니다. 이 미친 바람을 잠재울 수는 없을까요?

　전쟁의 광풍이 불고 있던 삼국시대에 신라의 민중들은 참 멋진 꿈을 꾸었습니다. 《삼국유사》 기이편에 나오는 그 이야기가 왜 그리도 가슴 떨리게 아름다운지 모르겠습니다. 신문왕 때 일입니다. 동해에 있는 작은 산이 떠서 감은사를 향해 오는데 물결을 따라 왔다갔다했더랍니다. 사람들이 나가보니 산세는 거북이 머리와 같은데 위에는 한 그루 대나무가 있어서 낮에는 둘이 되고 밤에는 합하여 하나가 되었습니다. 일관이 왕께 아뢰기를 이것은 매우 상서로운 조짐이라고 하자, 왕은 배를 타고 바다로 나가 그 산에 들어갔습니다. 그러자 용이 나타나 검은 옥대(玉帶)를 왕께 바쳤습니다. 왕이 산과 대나무가 갈라지기도 하고 합쳐지기도 하니 무슨 까닭이냐고 묻자 용은 그것은 왕께서 소리로써 천하를 다스리게 될 상서로운 징조라고 말합니다. 왕은 그 대나무를 베어 피리를 만들어 월성에 있는 천존고(天尊庫)에 간직해두었습니다. 그런데 그 피리를 불면 적병이 물러가고 질병이 낫고, 가물 때는 비가 오고, 비가 올 때는 개이고, 바람이 가라앉고, 물결은 평온해졌습니다. 왕은 그 피리를 만파식적(萬波息笛)이라고 불렀습니다.

　이런 피리 하나를 가질 수 있으면 좋겠습니다. 세상의 모든 시름의 파도를 잠재우고, 서로를 비방하는 사람들의 성마른 외침소리도 그치게 하고, 군비경쟁의 광풍도 전쟁의 광풍도 멎게 하는 피리 소리를 듣고 싶습니다. 너무 허황된 건가요? 낮이면 둘로 나뉘지만 밤이 되면 하나로 합쳐지는 대나무부터 찾아야 하겠네요.

　낮은 하나의 눈을 가지고 있지만 밤은 수천 개의 눈을 가졌다지요? 너와 나를 가르고, 남자와 여자를 가르고, 부자와 가난한 자를 가르고, 죄인과 의인을 가르고, 적과 아군을 가르는 낮 동안은 사랑이 숨을 죽이는 시간입니다. 하지만 차이를 넘어 서로의 품이 되어주는 밤은 사랑의 시간입니다. 그 고요한 시간에 우리는 "하늘에 계신 너희 아버지께서 자비하신 것같이 너희도 자비하라"는 음성을 듣습니다. 우리가 서로에게 입힌 상처와 아픔을 안타까워하며 서로를 사랑으로 보듬어 안을 때 상처는 빛으로 바뀔 겁니다. 정현종 시인의 〈꽃피는 상처〉는 우리가 상처를 어떻게 처리해야 하는지를 보여줍니다. 길지만 인용하겠습니다.

　　남북이 갈린 자리
　　땅 위에도

그대는 한 송이 꽃

마음속에도
상처가 깊었다.
피가 계속 흘렀으나
체제들은 그걸 고치려 하기는커녕
나쁜 목적을 위해
그걸 이용했다.
상처를 이용하다니!

(계속되면 죽는데)

출혈을 이용하다니!
남의 상처도 아닌
제 몸의 상처를!
그 상처로 아픈 사람은
그걸 고칠 힘이 없었고
힘이 있는 사람은
아프지 않았다.
이 민족의 삶은 그리하여
출혈이 심하고
꼬이고 꼬여왔다.
마음 고생도 크고
몸 고생도 컸다.

무겁고 힘들었다.

　시인에게 남북이 갈린 자리는 우리가 벗어날 수 없는 상처입니다. 남과 북 어느 한편의 상처가 아니라 바로 우리들 모두의 상처입니다. 그 상처, 그 출혈을 자기 이익을 위해 이용하면 안 됩니다. 그러면 둘 다 죽습니다. 그런데 기가 막힌 것은 그 상처 때문에 아파하는 자는 그걸 고칠 힘이 없고, 힘이 있는 자는 아파하지 않는다는 사실입니다. 그래서 이제 이 민족은 빈사상태에 이르게 되었습니다. 그런데 시인은 무슨 소리를 듣습니다. 이 땅의 어딘가가 근질근질 몸이 풀리는 소리를 말입니다.

　　그런데
　　그런데 말이지
　　무슨 소리가 들리는 것 같다
　　얼음이 녹는 소리,
　　녹아 봄 햇빛 아래
　　반짝이는 소리,

　　(잘돼야 할 텐데)
　　아픈 데가 나으려는지
　　이 땅의 어디어디

근질근질 풀리는 소리,
온갖 동식물들
수런대는 소리,

(나쁜 마음으로 하면 안 되는데)

애기가 통해
피가 통해
근질근질
수런대는 소리
들리는 것 같다.
아, 꽃피는 소리

(그래야 할 텐데)

상처에서 꽃피는 소리!

아, 시인이 들은 소리는 빈사상태에 빠졌던 이 한반도라는
몸에 피가 통하고 온기가 통해 근질근질 생명이 수런대는 소
리입니다. 그것은 상처에서 꽃피는 소리입니다. 시인이 이 소
리를 들은 것은 1992년 원단입니다. 그로부터 십 수년의 시
간이 지나면서 우리는 상처에서 꽃이 피는 소리만 들은 것이

아니라, 눈으로도 꽃을 볼 수 있었습니다. 이제 바야흐로 꽃이 진 자리에 맺히는 열매를 거둘 꿈을 꾸고 있었습니다. 그런데 갑작스런 한파가 몰려오고 있습니다. 이 겨울을 잘 지나야 합니다. 더디지만 겨울에도 나무는 자라게 마련입니다. 성 프란체스코가 한 겨울에 편도나무에게 하나님에 대해 말해 달라고 하자 편도나무는 꽃을 활짝 피웠습니다. 두려움의 겨울을 나고 있는 사람들에게 우리가 희망의 꽃이 될 수 있다면 참 좋겠습니다. 만파식적의 피리는 다름 아닌 우리들이어야 한다는 깨달음이 순간 제 마음에 오네요. 평화를 빕니다.

5월의 산에서 드리는

편지

　모처럼 도봉산을 찾았습니다. 번다한 일상을 괄호 속에 묶는 심정이었습니다. 계곡에서 능선으로 이어지는 등산로를 걸으며 행여라도 퀭한 눈을 한 낯익은 이들을 만날까 저어하기도 했지만, 다행히(?) 낯익은 얼굴은 하나도 만나지 못했습니다. 가파른 능선길을 휘돌아 작은 봉우리에 오를 때마다 바람은 얼마나 시원했던지요. 그뿐입니까? 5월의 신록은 어쩌면 그리도 싱싱한지요. 시인 천상병 님은 하나님이 제일 좋아하시는 색은 청녹색인 것 같다고 했습니다만, 아닌게 아니라 5월 산은 온통 초록의 바다였습니다. 간간히 들려오는 멧새들의 푸른 울음은 초록의 싱그러움에 흰 빛을 더해주고요. "땅이 있을 동안에는 심음과 거둠과 추위와 더위와 여름과 겨울과 낮과 밤이 쉬지 아니하리라"(창세기 8:22) 하셨던 하나님의 약속이 새삼 떠올라 가슴 한 켠이 무지근해지더군요.

　매일 수만 명의 어린이들이 굶주림으로 죽어가고, 하루에도 수십 종의 무고한 생물 종들이 멸종의 위기를 맞고 있고, 지구상에는 이 혹성을 여러 번 파괴하고도 남을 핵무기가 비축되어 있다지요. 그런데도 해가 떠오르는 광경은 장엄하고, 엄마 품에 안겨 있는 아기의 미소는 참으로 아름답습니다. 잿빛 도시에 피어나는 함박꽃 한 송이는 차라리 기적이라 할 만합니다. 인생이란 이처럼 처연하면서도 경이로운 것인가 봅니다. 좌절과 희망, 슬픔과 기쁨이 갈마드는 인생길, 누구라 고단하지 않겠습니까? 문득 산중거사 김달진 님의 문장이 떠올랐습니다. "인생이란 큰비가 쏟아지는 광야를 걸어가는 나그네와 같은 것이다. 달려보아도 헐떡거려보아도 비에 젖지 않을 수는 없는 것이다. 먼저 젖기를 각오하시오. 그리하여 비를 맞으며 유유히 걸어가시오. 젖기는 일반이나 고뇌는 적을 것이다." 대체 얼마를 살아야 기쁨도 슬픔도, 희망도 좌절도 나의 생으로 받아들이면서 유유히 걸을 수 있을까요?

생각에 잠겨 걸어가는 제 팔을 잡아채며 아내가 한 군데를 가리켰습니다. 수직의 암벽에 몇 사람이 매달려 있더군요. 아무리 보아도 길은 보이지 않았습니다. 하지만 그들은 마치 익숙한 길을 가듯 쉽게 바위를 기어오르는 것이었습니다. 변변한 홀드조차 없는 직벽, 조그마한 크랙에 손가락을 끼우고, 없다시피 한 스탠스를 딛고 몸을 위로 밀어 올리는 그들의 안간힘은 위태로워 보였지만 아름다웠습니다.

그대는 한 송이 꽃

자신의 전 존재를 오로지 하나에 집중하는 무아(無我)의 시간, 온 몸으로 전율이 흘렀습니다. 그 가파른 절벽과 하나되기까지는 얼마나 많은 훈련과 집중력과 인내가 필요했을까요. 길 없는 곳에 길을 내는 것이 희망이라지요? 절벽을 길이라 치고 나가는 것이 믿음이라지요? 폭력과 증오의 가파른 절벽을 맨몸으로 기어오른 한 사나이가 떠오른 것은 어쩌면 당연한 일이었는지도 모릅니다. 명리를 위해서가 아니라, 생래적인 사랑 때문에 걸으실 수밖에 없었던 십자가의 길이 내 눈 앞에 보였습니다.

"爲學日益 爲道日損." 외람되지만 제 사무실에 붙여놓은 노자의 글귀입니다. 맥락과 관계없이 "배움을 위해서는 날마다 더해가고, 진리를 위해서는 날마다 덜어가라"는 이 말씀을 나의 일상의 지침으로 삼고 있습니다. 이런 글귀는 가슴에 새기고 살아야 한다는 것은 잘 압니다. 하지만 어쩝니까. 천성이 게으른 사람인걸요. "위학일익(爲學日益)", 이 글귀는 게으름과 안일과 나태에 빠지려는 저를 불꽃같은 눈으로 지키고 있습니다. 그래서 할 수 있는 한 날마다 공부를 거르지 않으려고 애를 씁니다. 하지만 문제는 "위도일손(爲道日損)"입니다. 제 삶에서 날마다 비본래적인 것들을 덜어내야 하는데 그게 말처럼 쉽지 않습니다.

저는 쟈코메티의 조각을 좋아합니다. 사물을 본래성이 드러날 때까지 깎아내고 또 깎아내는 그의 고행을 저는 경외의 심정으로 바라보곤 합니다. 하지만 저의 일상은 하나에 또 다른 하나를 더해가는 삶인 것 같습니다. 더하면 더할수록 영혼의 남루는 심해가건만 버린다는 것은 제 능력 밖의 일인 것 같아 참담한 심정이 되곤 합니다. 하나를 얻기 위해서는 모든 것을 버리지 않으면 안 된다고 가르쳐 주신 예수님 곁을 뒷걸음질로 슬그머니 떠나간 어느 젊은이의 초상에 제 모습이 겹쳐지는 걸 어쩌겠습니까? 사람들에게 생활 속에서 진리를 택하며 살라고 수없이 외쳤습니다만, 오늘이라도 예기치 않았던 행운이 찾아온다면 진리고 뭐고 다 팽개쳐 버리지 않을까 스스로 염려하기도 합니다.

경제적인 어려움 때문에 얼굴에 그늘이 드리운 이웃들을 만날 때마다 백면 서생같은 저는 언어의 빈곤을 느낍니다. '힘드시지요?', '괜찮으세요?', '별 일 없으신가요?', '힘겹지만 견뎌야지 어쩌겠어요.' 이런 말이 무슨 위로가 되고 힘이 되겠습니까만 그래도 좋게 받아들여주시니 고마울 따름입니다. 일전에 입원하신 김 장로님을 찾아가서 그랬어요. "장로님, 모처럼 앓는 건데 밑지지 마세요." 함석헌 선생님이 하신 말씀을 슬쩍 써먹은 것인데요, 오늘 어려움을 겪고 있는 모든 이들에게도 들려주고 싶은 말입니다. 기왕 어려움을 만났으니 그 어려움 속에 숨겨져 있는 선물을 찾아내야 하지 않겠어요? 얍복강 나루에서 천사를 만나 밤새도록 씨름을 한 야곱이 환도뼈가 부러져 절룩거리면서도, 자기에게 축복해 주지 않으면 보내지 않겠다고 떼를 썼던 것(창세기 32:26) 기억나시지요? 믿음의 반대말은 운명론이라더군요. '할 수 없다'는 말보다 무신론적인 말이 없다는 것이지요. 물론 예수만 잘 믿으면 만사형통한다는 말은 아닙니다. 믿음은 '모든 것이 다 잘 될 것이다' 하는 천박한 낙관론이 아니라, 불운과 고통 속에서도 생은 계속될 것이고 하나님께서는 시련 가운데서도 그것을 이겨낼 힘을 주신다고 믿는 철저한 낙관론이 아니겠습니까? 잔소리가 길어졌습니다. 하지만 산에서 겪은 일을 조금 더 이야기해 볼게요.

우리는 산행 코스를 조금 더 연장하기로 마음 먹었습니다. 초록의 5월 산의 매혹을 떨쳐버릴 힘이 없었던 것이지요. 늘 다니던 주봉 계곡을 버리고 오봉 능선을 향해 걸었습니다. 작은 봉우리에 올라 서쪽 능선을 바라보니 이름 그대로 봉긋봉긋 솟은 다섯 개의 봉우리가 참 정다워 보였습니다. 한 사람도 만나지 못해 불안하기는 했지만 길은 어디로라도 통한다고 생각하며 험준한 등산로를 겁도 없이 기어오르고 내렸습니다. 삼봉에 이르렀을 때 우리는 길이 끝났음을 알았습니다. 50여 미터의 자일 없이는 도저히 내려갈 수 없는 지점에서 우리는 물러나야 했습니다. 아쉬웠지만 별 수 있나요. 하지만 하산길이 문제였습니다. 어디로 가야할지 몰라 망설이다가 눈에 뜨이는 길을 골라 하산을 시작했습니다. 30분 쯤 걸어내려 갔지만 사람의 흔적은 보이지 않고, 아무리 아래를 내려다보아도 사람들이 사는 마을은 흔적조차 보이지 않았습니다. 비로소 길을 잘못 들었음을 깨달았습니다. 오던 길을 되돌아가야 한다고 생각하니 맥이 탁 풀리더군요. 하지만 별 수 있나요. 지쳐있는 아내에게 너스레를 떨며 말했습니다. "단단히 훈련시키시는구먼. 잘못된 길인 줄 알면서도 지금까지 걸어온 거리가 아깝다고 내쳐 간다면 어찌 되겠어? 돌아서야지. 신앙이란 돌아감의 과정이 아니던가. 절망과 허무에 굴복하지 않고 말없이 바위를 산정으로 굴려 올리는 시지푸스는 부릅뜬 눈으로 운명을 응시하는 인간의 존엄성을 드러내고 있지 않소. 자, 내 아내 시지푸스여. 돌을 굴려 올리세." 아내의 얼굴에는 '저 어쩔 수 없는 직업병' 하는 표정이 역력했습니다. 산을 거슬러 오르는 일은 힘에 겨웠습니다. 하지만 옆에 함께 걷는 이가 있어 견딜 수 있었습니다.

지금 어디쯤 계십니까? 어디에 있든 희망의 공간을 넓히며 살고 계시리라 생각합니다. 사람의 성숙은 원점에서 다시 출발할 수 있는 용기에 있다고 생각합니다. 비본래적인 것이 삶을 구속하려 할 때마다 원점으로 돌아가 다시 길 떠나시는 모습 늘 보기 좋았습니다. 오늘 우리가 겪고 있는 경제적, 사회적 어려움은 바쁨(忙) 속에서 잃어버렸던(忘) 하나를 찾으라는 그분의 초대가 아니겠습니까? 틈 나시면 가까운 산에라도 함께 거닐면서 좋은 말씀 들려주시기 바랍니다.

생명의

실상

헤어질 때면 언제나 "목사님, 물 많이 드세요" 하고 말하는 후배 —나는 그를 '물 먹이는 후배'라고 부릅니다— 가 다녀 갔습니다. 잘 웃는 아내와 눈만 마주치면 벙긋 웃는 예쁜 딸을 데리고 말입니다. 점심을 같이 먹고, 이런저런 이야기를 나누던 중 후배는 아주 흥미로운 경험을 나누어 주더군요.

어느 날 어린 딸을 유모차에 태우고 산책을 하고 있었대요. 하늘은 평화로웠고, 소담하게 피어있는 꽃과 널어 말리는 붉은 고추의 기묘한 부조화도 아름답게 느껴지는 날이었답니다. 그 느긋하고 고요한 정경 사이로 배추흰나비 몇 마리가 나풀나풀 날더랍니다. 눈으로 나비의 궤적을 좇고 있는데 갑자기 한 마리의 속도가 쳐지더니, 급기야는 중심을 잃고 땅에 툭 떨어지더래요. 그 느닷없는 광경에 말을 잃고 서있는데, 나비도 영문을 모르겠다는 듯 다시 날아보려고 여러 차례 날개를 퍼득거렸지만 결국 이륙에는 실패하더랍니다. 잠시 후 배추흰나비는 체념한 듯 두 날개를 접고는 가만히 땅에 눕더래요. 마치 운명 시간을 감지하고, 순응하는 것처럼요. 아주 평화로워 보이더랍니다. 조금 있자 어디에서 나타났는지 개미떼가 몰려오더니 덩치 큰 나비를 이리저리 뒤척이며 끌어가느라고 한 두어 시간이나 법석을 떨더랍니다. 후배는 한숨을 푹 내쉬면서 말하더군요. "그렇게도 생명이 가대요. 바로 조금 전까지만 해도 하늘하늘 잘도 날더니."

그 이야기를 듣고 나니 얼마 전 산에서 본 광경이 떠올라 후배에게 그 이야기를 들려주었습니다. 이야기 품앗이인 셈이지요. 도봉산에 올라갔다가 문사동 계곡으로 내려오는 길이면 종종 들러 탁족을 하는 곳이 있어요. 드러누워 쉬기 좋은 너럭바위 밑 계류에 발을 담그면 "세상 번뇌 시름 잊고 청산에 살리라" 하는 가락이 저절로 나오게 마련입니다. 그날도 바람소리처럼 들리는 물소리의 유혹에 끌려 그 바위에 걸터앉으려는데, 눈 앞에 조그마한 나무토막 같은 게 보여요. 그런데 어쩐지 나무토막이 아닐 거라는 생각이 들어서 살짝 건드려 보았더니, 그 물체는 아주 신경질적인 반응을 보이면서 몸을 굴려 아래쪽으로 떨어지는 것이 아니겠어요? 그러더니 또 꼼짝을 안하는 겁니다. '요녀석, 너 나방이구나. 그런데 나무토막인 체 하고 있어.' 녀석이 그곳에 웅크리고 있는 까닭을 알 길은 없었지만 그래도 녀석의 평화를 깨고 싶은 생각은 없었기에 모른 체하고, 계류에 발을 담그고 앉아 제법 은자의 흉내를 내고 있었습니다. 어느 순간 그 나무토막 같은 녀석이 내 시선을 빼앗는 게 아니겠어요? 마침내 녀석이 척 일어나 앉더니, 큰 날개를 활짝 폈던 것입니다. 긴 잠에서 깨어나 기지개를 펴는 것처럼요. 그리고는 파르르 떨듯이 날갯짓을 시작하더군요. 애벌레적 흔적이 남아 있던 날개를 말리는 거였나 봐요. 기껏해야 일 분 정도나 되었을까요? 이윽고 나방은 날개에 하늘 에너지를 다 채운 듯, 눈부신 날갯짓 한 번에 저 푸른 허공을 향해 휙 날아가더군요. 참 아름다운 비상이었습니다. 뜬금없이 고 박정만 시인의 종시(終詩)가 떠오르더군요. "나는 사라진다/저 광활한 우주 속으로." 대책 없는 이 감상이 어디에서 오는 것일까, 생각해보았습니다. 나방의 비상을 통해 흘낏 본 영원 때문이었을까요?

후배는 눈을 빛내며, "그 이야기가 더 좋으네요." 하더군요. 하지만 더 좋은 이야기가 어디에 있겠습니까? 모두가 생명의 실상을 보여주는 한 장면들인걸요. 어느 경우든 삶과 죽음이 이처럼 자연스러울 수만 있다면 얼마나 좋을까요? "이 세상에서 누구를 위해 우리들이 실을 감고 옷을 짜며, 눈부신 삶의 씨줄과 검은 죽음의 날실을 가지고 이런 신비한 무늬를 베틀에 앉아 짰다, 풀었다 하는지 알고 싶다." 니코스 카잔차키스의 말인데요. 그만 실례하겠습니다. 지금 갑자기 제가 짜고 있는 옷감을 확인해보고 싶어졌거든요.

일상으로 그리는

이야기

압바스 키아로스타미 감독의 영화 〈체리꽃 향기〉에는 살아야 할지 죽어야 할지 몰라 배회하는 사람이 나옵니다. 말투로 보아 그는 지식인입니다. 재산도 있는 것같습니다. 하지만 그는 고독해 보입니다. 삶에 멀미를 느낀 것일까요? 삶과 죽음이라는 경계선 위에 서서 그는 어느 한편으로 넘어가고 싶어 합니다. 망설임은 성실성의 증거이고 확신은 사기의 증거라지요? 너무 극단적인 말인가요? 하지만 여기에는 귀담아 들을 만한 점이 있습니다. 회의 없는 강철 같은 확신은 아무래도 의심스럽습니다. 생 자체가 이럴 수도 저럴 수도 있는 모호하기 이를 데 없는 것 아닙니까? 어느 시인은 만물은 흔들리면서 흔들리는 만큼 튼튼한 줄기를 얻는다고 했습니다만, 무릇 살아있는 것들은 다 흔들리게 마련입니다. 자기가 정해 놓은 길을 흔들림 없이 뚜벅뚜벅 걸어가는 사람들을 보면 한편으로는 부럽지만 다른 한편으로는 외계인을 보는 것 같아 뜨악해집니다.

영화 속의 사내는 마음의 정처를 정하지 못해 속절없이 흔들립니다. 그는 다만 그 지긋지긋한 흔들림에서 벗어나고 싶은 것인지도 모릅니다. 그는 스스로 생을 청산할 만큼 모질지도 못합니다. 그의 표정에는 죽음의 피진성이 보이지 않습니다. 그래서 "그렇게 자신 없거든 그냥 살어" 하고 말해주고 싶을 정도입니다. 그는 누군가가 자신의 죽음에 혹은 삶에 입회해주기를 소망합니다. 수면제를 먹고 체리나무 옆 구덩이에 몸을 눕힌 후 그냥 영원히 잠들어 버리면 누군가가 와서 자기 시신 위에 흙 한 줌 뿌려주기를 바라는 거지요. 어찌보면 그는 죽음의 인력에 끌려가고 있지만, 실상은 삶을 향해 마음의 촉수를 맹렬하게 내밀고 있는지도 모르겠습니다. 그러나 자기의 죽음에 입회해 달라는 요청에 응답하는 사람은 없습니다. 전쟁터에서 수많은 죽음을 보았을 군인도, 생과 사의 문제를 가장 진지하게 고민하는 신학생도 말입니다. 그러나 한 노인만이 그의 이야기에 공감하고 그의 제안을 받아들입니다. 그러면서 노인은 자기의 경험을 들려줍니다.

"결혼한 직후 내게는 온갖 어려움이 산적해 있었습니다. 난 너무 지쳐 끝장을 보기로 마음먹었습니다. 어느 날 아침 새벽 동이 트기 전에 차에 밧줄을 실었어요. 난 자살하기로 굳게 마음먹었습니다. 난 미아네를 향해 출발했어요. 그때가 1960년이었습니다. 난 뽕나무 농장에 도착했는데 그곳에

도착했을 때까지도 해가 뜨지 않았어요. 난 나무에 밧줄을 던졌지만 걸리지 않았습니다. 계속해서 던졌지만 소용이 없었어요. 그래서 난 나무 위로 올라가 밧줄을 단단히 동여맸습니다. 그때 내 손에 뭔가 부드러운 게 만져졌어요. 체리였습니다. 탐스럽게 익은 체리였어요. 전 그걸 하나 먹었어요. 과즙이 가득한 체리였습니다. 그리곤 두 개, 세 개를 먹었어요. 그때 산등성이에 태양이 떠오르더군요. 정말 장엄한 광경이었습니다. 그리곤 갑자기 학교에 가는 아이들의 소리가 들렸어요. 그 애들은 가다말고 서서 날 쳐다보더니 나무를 흔들어달라고 했어요. 체리가 떨어지자 애들이 주워 먹었어요. 전 행복감을 느꼈어요. 그리곤 체리를 주워 집으로 향했습니다. 아내는 그때까지도 자고 있더군요. 잠에서 깨어나 그녀도 체리를 먹었어요. 아주 맛있게 먹더군요. 난 자살을 하러 떠났지만 체리를 갖고 집으로 돌아왔어요. 체리 덕분에 생명을 구한 거죠. 체리가 내 생명을 구했어요."

영화 속의 그 사나이가 노인의 이야기를 들으면서 생에 대한 멀미에서 회복되었는지는 모르겠습니다. 하지만 이상하게도 두 가지 사실이 명료하게 떠오릅니다. 하나는 이야기가 갖는 치유의 능력입니다. 그 노인은 삶을 강변하지 않습니다. 심드렁하게, 빛바랜 사진첩을 들여다보며 혼자 중얼거리듯이 말합니다. 자기 이야기를 극화하지도 않습니다. 그런데 왜 그

이야기가 제 영혼에 이처럼 맑은 종소리처럼 울려오고 있을까요? 다음은 그 이야기 속에서 체리가 갖는 매개 기능입니다. 죽음을 앞두고 맛보는 체리, 그것은 죽음을 앞두고 있는 사람이 갖는 일상에 대한 그리움입니다. 체리는 삶이 보내는 눈짓이었고, 아이들과의 소통의 통로였으며, 아내와 더불어 살아가야 할 시간을 매개해주는 육체적 고리였습니다.

가장 비근한 일상은 때로 우리로 하여금 멀미를 하게 합니다. 가장 가까이에 있는 이들이 지옥일 때가 많습니다. 그러나 그 비근한 일상과, 복잡하게 얽혀있는 관계망이야말로 우리를 살아가게 하는 동력이기도 합니다. 일상은 우리를 넘어뜨리는 걸림돌일 수도 있고, 앞으로 나아가게 하는 디딤돌일 수도 있습니다. 우리가 일상에서 주고받는 사소한 눈짓, 몸짓은 삶과 죽음 사이에서 명멸하는 불빛입니다. 그 불빛들이 모여 생을 이루는 것이겠지요? 소설가 조성기 씨의 말은 그런 의미에서 공감이 갑니다.

죽음의 옷자락을 만졌을 때 가장 아쉬웠던 것은 일상이었습니다. 아버지 노릇, 남편 노릇, 인간 노릇을 제대로 못한 것에 대한 설명할 수 없는 공포에 떨었습니다.

일상으로 그리는 이야기, 그게 생인가 봅니다.

크리소스토모스를
그리워하며

차이코프스키의 '요한 크리소스토모스의 전례'를 듣습니다. 다양한 목소리가 어울려 빚어내는 화음이 아름답습니다. 사실 아름답다는 표현은 부족합니다. 하던 일을 멈추고 오직 소리에만 집중할 때 그 소리는 긴장된 몸과 마음을 어루만지다가, 이런저런 염려로 인해 납작해진 가슴에 어떤 울림을 만들어냅니다. 여러 해 전 아르메니아의 수도 예레반에서 멀지 않은 곳에 있는 에치미아진(Echmiadzin) 대성당에 갔을 때의 기억이 떠오릅니다. 정교회의 예배 전례에 익숙하지 않아, 온전히 하나님께 마음을 집중하기는 어려웠지만 그곳에서 들었던 찬양대의 노랫소리는 앞으로도 잊을 수 없을 겁니다. 그게 '크리소스토모스의 전례'라는 사실은 나중에야 알게 되었습니다. 연주되는 곡 하나하나가 심금을 울렸습니다. 초기 교회는 예배를 가리켜 '미스테리온'(mysterion), 곧 신비라 했습니다. 예배가 신비라는 의미가 머리가 아니라 온 몸으로 깨닫게 되는 순간이었습니다. 정교회의 전례신학을 완성한

사람이 바로 요한 크리소스토모스입니다. 크리소스토모스는
'황금의 입'이란 뜻인데, 대설교가였던 그에게 후세 사람들
이 붙인 별칭이었습니다.

그의 이름을 딴 전례 음악을 들으며 저는 고독했던 사나
이 요한 크리소스토모스를 추모합니다. 그는 성서에서 안디
옥으로 알려진 도시 안티오키아(오늘의 터키 동남부인 안타키아) 출
신입니다. 349년에 태어나 368년 부활절에 세례를 받았
고, 386년에 사제로 서품되는 동시에 설교자 직분을 받았
습니다. 397년에는 콘스탄티노플의 주교가 되었고, 그의 개
혁 정책을 저지하려는 알렉산드리아의 총대주교 테오필루스
의 계략에 휘말려 두 차례에 걸쳐 유배를 당합니다. 그를 존
경하는 이들이 유배지까지 찾아가는 것을 본 황제는 그의 영
향력을 차단하기 위해 그를 좀 더 오지로 보냅니다. 크리소
스토모스는 그 유배지를 향해 가던 도중 죽었습니다. 그때가
407년 9월 14일이었습니다.

그의 전기를 다룬 책 두 권을 찾아 읽으며 저는 깊은 한숨
을 자꾸 내뱉지 않을 수 없었습니다. 타협할 줄 모르는 그의
올곧은 품성에 대한 존숭심과 아울러 그런 지도자를 미워하
는 동료 성직자들의 위선이 아프게 떠올랐기 때문입니다. 요
한 크리소스토모스는 신학자라기보다는 목회자였습니다. 그
에게 중요한 것은 정교한 이론 신학이 아니라 그리스도를 믿
는 이들의 삶의 변화였습니다. 안티오키아는 물론이고 콘스

탄티노플의 많은 사람들이 그를 존경하고 따랐습니다. 하지만 기득권을 누리고 있던 이들은 그를 불편하게 여겼습니다. 그들의 특권을 인정하지 않았고, 가난한 이들을 위해 그들의 재산을 내놓아야 한다고 말했기 때문입니다.

많은 것을 가진 사람은 집과 금은 도구들을 팔아 필요한 사람에게 나눠주어야 합니다. 배고픈 사람에게 필요한 것을 제공하고 병자들이 치료받을 수 있도록 해주어야 합니다. 어려움에 처한 사람에게 도움의 손길을 내밀고 빚 때문에 감옥에 갇힌 자들을 풀어주어야 합니다. 광산이나 포로로 잡혀 열악한 환경에서 착취당하고 있는 노동자들을 풀어주어야 합니다(요아니스 알렉시우 대사제, 《성 요한 크리소스토모스》, 요한 박용범 옮김, 정교회출판사, 73-74쪽).

요한 크리소스토모스에게 있어 살아 있는 교회의 표징은 아름답고 질서있게 수행되는 전례가 아니었습니다. 가난한 사람들, 병자들, 수감자들, 노동자들, 유배자들에 대한 관심과 사랑이었습니다. 그는 사용하고 남은 잉여를 가지고 그런 이들을 도우라고 말하지 않습니다. 그들을 최우선의 관심 대상으로 삼는 것이 교회의 마땅한 책무라는 것이었습니다. 요한 크리소스토모스가 만일 지금 그런 설교를 한다면 그는 좌파로 낙인찍힌 채 쫓겨날 가능성이 큽니다. 그의 설교 가운데 한 대목을 더 인용해보겠습니다.

교회는 천사들의 승리 조직이지 금광이 아닙니다. 교회는 인간
의 영혼을 찾아다니고, 하느님께서는 오직 이 영혼들을 위해
서 여러 선물들을 나눠주십니다. 그리스도께서 최후의 만찬 때
제자들에게 주신 잔은 금잔이 아니었습니다. 하지만 그 가치는
상상을 초월했습니다. 그대들이 그리스도를 높이고 싶다면 빈
자들의 얼굴 속에 계신 벌거벗은 그리스도를 높이 세워주십시
오. 추위와 헐벗음 속에 고통 받고 계신 그리스도를 그대로 두
고 실크와 값비싼 금속을 교회에 봉헌하는 것은 아무런 도움
이 안 됩니다. 금으로 된 기구들이 성당을 가득 채워도 그리
스도께서 배고파하신다면 아무 유익도 없습니다. 그대들은 금
잔을 제작하면서도 목마른 사람에게 시원한 물 한잔을 필요한
사람에게 제공하지 않습니다. 그리스도께서 집 없는 방랑자처
럼, 걸인처럼 헤매고 다니시는데 그대들은 그분을 모시는 대신
에 장식에 치중합니다. 그러니 그대들은 비싼 장식품들과 값나
가는 제의를 팔아 가난한 이들을 위해 사용하십시오…(요아니스
알렉시우, 앞의 책, 75-76쪽).

그는 당위적 삶을 그저 외치기만 하지 않았습니다. 사람들
이 보석으로 장식된 금 성작이나 금실로 짠 제대보 등을 기
증하면, 그는 그것을 팔아서 구빈원에 전달했습니다. 그런 물

크리소스토모스를 그리워하며

건들을 기증함으로 자기들의 선행을 인정받고 싶었던 이들은 매우 불쾌하게 생각했습니다. 크리소스토모스는 주교 관저의 낭비도 철저히 막았습니다. 전임자들은 주교 관저를 찾아오는 이들에게 흐드러진 연회를 베풀어 인기를 끌었지만, 그는 모든 공식적인 연회 개최를 허락하지 않았습니다(루돌프 브랜들레, 《요한 크리소스토무스-고대 교회 한 개혁가의 초상》, 이종한 옮김, 분도출판사, 110쪽 참조). 그는 아주 소박하게 차려진 식사를 혼자 하곤 했습니다. 주교가 베푸는 연회에 참여하는데 익숙하던 사람들은 크리소스토모스를 불편하게 여기기 시작했습니다.

그는 또 신자들 가정마다 침대 옆에 자선함을 두고 돈을 모았다가 절기 때마다 가져오라고 요구했습니다. 물론 그것은 유다인들의 '쩨다카'에서 힌트를 얻은 것이었습니다. 요한은 그 "함에 자선금을 넣는 것은 침대 옆에 걸려 있는 '복음 말씀'과 마찬가지로 효력이 강하다. 이 두 가지는 악마에게 대항하는 훌륭한 무기"(루돌프 브랜들레, 앞의 책, 47쪽)라고 말했습니다. 그런 실천을 하는 가정은 그 자체로 작은 수도원이었습니다. 그런 가정 모금 제도를 통해 안티오키아에서는 무려 삼천 명의 과부와 고아들을 도와주었고, 콘스탄티노플에서는 칠천 명에게 도움을 주었습니다. 그는 곤궁한 사람들에 대한 도움이 종교들의 경계선 앞에서 멈추면 안 된다면서 곤궁한 사람들은, 이교도건 유다인이건 다 하나님께 속한다고 말했습니다(루돌프 브랜들레, 앞의 책, 122쪽). 심지어는 그가 무신론자라 해도 도와야 한다고 말하기도 했습니다.

그러니 그가 돈을 흥청망청 낭비하는 행위를 비판하는 것은 당연한 일이었습니다. 에브독시아 황후조차 예외가 아니었습니다. 경건한 신앙인이었고 주교를 공경했던 황후는 허영기가 있던 여인이었던 모양입니다. '경건한 신앙인'이라는 표현과 '허영기'라는 말은 사실 조화되기 어렵습니다. 허영은 늘 자기를 찬미하는 사람을 필요로 하고, 자기를 돋보이게 하려고 할 짓 못할 짓을 다 하게 만들기 때문입니다. 황후는 경건의 외양을 한 사람이었다고 말하는 게 온당하지 않나 싶습니다. 크리소스토모스는 황후가 정당하지 않는 방법으로 다른 이들의 재물을 가로채려 한다는 소식을 듣자, 분연히 떨치고 일어나 황후를 구짖었습니다. 처음에는 편지를 통해 황후를 깨우치려 했습니다.

> 만약 하느님께서 당신에게 황후의 권세를 주었다면 그것은 정의를 세우라고 주었을 것입니다. 인간은 흙과 재, 풀과 먼지에 불과하고, 인생 또한 그림자와 연기 그리고 한바탕 꿈에 지나지 않듯이, 황제도 그와 같습니다. 그러니 이제 절망에 빠져 있는 이들에게 더 이상 고통과 불행을 지우지 마십시오. 당신은 포도밭과 무화과밭, 기름과 돈, 그리고 권력을 가지고 무덤에 내려갈 수 있을 거라고 생각하십니까?…(요아니스 알렉시우, 앞의 책, 83쪽)

크리소스토모스를 그리워하며

하나님의 뜻을 설파하는 데 그는 주저함이 없었습니다. 권력 앞에서 움츠러드는 일이 없었습니다. 황후가 자신의 충고를 받아들이지 않자 그는 설교단에서 죽음을 각오하고 쓴 소리를 뱉어냅니다. 결국 그는 모욕감을 느낀 황후의 분노와 그를 제거함으로 자기 영향력을 확대하려던 알렉산드리아 대주교 테오필루스가 함께 꾸민 음모의 희생양이 되었습니다. 그는 주교좌에서 쫓겨나 유배되었고, 결국 길 위에서 죽음을 맞게 됩니다. 영문 밖에서 고난 당하신 주님의 잔을 그도 남김없이 마신 셈입니다. 교회를 새롭게 하려던 그의 치열한 노력은 그렇게 좌절된 것처럼 보입니다. 하지만 그의 믿음조차 스러진 것은 아닙니다. 조언을 구하고자 유배지까지 찾아왔던 안티오키아의 청년 귀족이 고향으로 돌아가 영적인 혼돈에서 헤어 나오지 못하고 있다는 소식을 들었을 때 크리소스토모스는 그를 격려하는 편지를 보냅니다. 그의 말은 영혼을 납작하게 만드는 현실에 치여 어찌할 바를 모르는 모든 이들에게 도전이 되는 말이 아닐 수 없습니다.

누군가가 그대에게 해를 입히고 덫을 놓으려 해도 그 파도들 위에 우뚝 서십시오. 어리석은 자는 악에 대항하는 이가 아니라 악을 행하는 자이기 때문입니다. 그런 점에서 나는 그대가 보인 용기와 평정심을 높이 하고 칭찬합니다. 왜냐하면 혹독한 시련을 겪으면서도 그 시련 위에 그대가 우뚝 서 있음을 보고 어쩌면 이것은 자기를 격려하는 다짐의 말인지도 모르겠습니다. '파도들 위에 우뚝 선 영혼'이라는 말이 가슴을 칩니다. 믿음이란 마음속에 굳건한 기둥 하나가 들어서는 것이라지요? 기둥이 기울면 그 위에 아주 작은 무게만 얹혀도 무너지게 마련이지만, 기둥이 바로 서면 어지간한 무게에도 흔들리지 않습니다. 얼마 전 포항에서 일어난 지진에도 문화재급 건물들은 훼손되지 않았습니다. 그것은 자연석의 곡면에 따라 기둥을 깎아 세웠기 때문에 기둥이 밀리지 않았기 때문이라고 하더군요.

강남의 한 대형교회의 세습을 둘러싼 설왕설래로 세상이 떠들썩합니다. 이런 일이 벌어질 때마다 노자 2장에 나오는 한 대목이 떠오릅니다. 그는 성인의 경지를 이렇게 이야기합니다.

> 만물이 일어나도 막지 않고, 생겨도 잡아두지 않으며, 행하고도 자랑하지 않고, 공을 이루어도 머물지 않는다(萬物作焉而不辭, 生而不有, 爲而不恃, 功成而不居).

사실 '공성이불거'라는 구절은 민중신학자인 안병무 박사님의 글을 읽다가 처음 만났습니다. 글의 맥락과 관계없이 그 구절이 내게 준 도전이 참으로 컸습니다. 공을 이루고 머물지 않는다는 것은 쉬운 일이 아닙니다. 하지만 그것을 연습하지 않으면 삶이 누추해집니다. 내가 뭔가를 이뤘다는 허망한 자부심, 그리고 그것을 내려놓기 싫은 애집이 사람들의 영혼을 잡아채 사탄 앞에 엎드리게 합니다. 가여운 일입니다. 교회에 대한 사랑이니 책임이니 하지만 그건 누가 뭐래도 욕망을 분식하기 위한 핑계일 뿐입니다.

크리소스토모스가 그리운 것은 그 때문입니다. 그는 한 점 부끄러움이 없기를 원한 참 그리스도인이었습니다. 전투적인 그의 삶이 거칠어지지 않을 수 있었던 것은 하나님에 대한 끝없는 사랑 때문이었습니다. 다시 한 번 차이코프스키의 '요한 크리소스토모스의 전례'에 귀를 기울입니다. 은총의 신비에 깊이 눈 떠야 자기와의 싸움, 세상과의 싸움에서 탈진하지 않을 수 있습니다. 듬쑥한 영혼을 가꾸기 위해 정신 차려야 할 때입니다.

그대는 한 송이 꽃

위험한 시대의
성찬

  어쩌다 아무 일정이 없는 날이면 마치 휴가를 받은 것처럼 마음이 흔흔해집니다. 뭘 할까, 망설이지만 놀 줄 모르는 사람이라 시간이 남아도 익숙한 일 외에는 할 줄 아는 게 없습니다. 큰 맘 먹고 가까운 산에 오를 때도 있지만, 그건 그야말로 가끔일 뿐입니다. 며칠 전 푼푼한 시간을 어찌 쓸까 망설이며 습관처럼 서가를 일람하다가 《빵과 포도주》라는 제목에 눈길이 머물렀습니다. 이탈리아 작가 이냐치오 실로네가 1955년에 쓴 책이었습니다. 짐작하시겠지만 '빵과 포도주'는 성찬의 상징입니다. 소설은 이런 문장으로 시작됩니다.

  사이프러스 나무 그늘 속에 정원이 나지막한 담장 위에 앉아 늙은 신부 돈 베네데토는 성무일과서를 읽고 있었다.

  이런 문장을 만나고 나면 괜히 동질감이 느껴지는 동시에, 그 고요한 장면을 깨뜨릴 어떤 사건에 대한 예감이 들곤 합니다. 큰 기대 없이 책장을 한 장 두 장 넘기다가, 아예 자리를 잡고 앉아 소설에 깊이 빠져들었습니다. 그렇게 저의 휴일은 다 지나갔습니다. 읽는 내내 가슴이 먹먹했습니다.

이냐치오 실로네는 파시스트 정권이 대중들을 그릇된 열정으로 몰아가는 시대의 초상을 그려내고 있었습니다. 전체주의의 광풍이 휘몰아치는 세월 속에서 살아야 했던 평범한 사람들의 이야기, 그리고 그 광풍을 저지하기 위해 무모한 모험에 나선 사람들의 이야기가 가슴 서늘하게 다가왔습니다. 소설을 읽는 내내 기독교 신앙이 세속 사회에서 어떻게 작동되어야 하는지 묻지 않을 수 없었습니다.

《빵과 포도주》는 로마 인근의 작은 시골 마을 로카 데이 마르시와 피에트리세카에서 벌어진 여러 가지 사건들을 보여줍니다. 책의 첫 머리에 등장하는 베네데토 신부와 그의 가르침을 받았던 학생들이 주요 등장인물입니다. 이미 성년에 이른 그들은 저마다의 근기에 따라 다른 모습으로 살아갑니다.

베네데토 신부는 칠십 대 중반에 이른 온유한 사람이지만, 불의한 권력에 굴종하거나 타협할 줄 모르는 사람입니다. 젊은 시절부터 노년에 이르기까지 그의 태도는 한결같았습니다. 그를 회유하기 위해 찾아온 보좌 신부 돈 안젤로는 현 정부와 교회의 정책에 승복한다는 내용의 간단한 선언문에 서명하면 추방은 면할 수 있다면서 "최악의 재난을 피하기 위해서 교회는 때로 나쁜 조건을 받아들이고 그 안에서 할 수 있는 만큼만 해야 하지 않겠느냐"고 말합니다. 얼핏 현실적인 제안처럼 보입니다. 하지만 베네데토는 "덜 나쁜 악을 택한다는 이론은 정당이나 정부에겐 좋은 것이지만 교회에는 안 된다"고 말합니다. 교회가 전쟁을 단죄한다면 결국 박해를 받게 될 것이라고 말하자 "경애하는 돈 안젤로, 당신은 세례자 요한이 참수를 모면하기 위해 헤롯에게 협정을 제안하는 것을 상상할 수 있겠소? 당신은 십자가형을 모면하기 위해 본디오 빌라도에게 협정을 제안하는 예수를 상상할 수 있겠소?"하고 되묻습니다(368쪽). 돈 안젤로가 교회의 보호를 필요로 하는 수많은 영혼들도 생각해야 되지 않겠느냐고 말하지만 베네데토는 더 이상 대구를 하지 않습니다.

베네데토는 근본을 굳게 붙드는 사람입니다. 좌고우면하지 않고 자기 원칙을 고수합니다. 현실 논리를 내세우는 이들에게는 고집불통처럼 보입니다. 하지만 그는 권력에 굴종하지 않았기에 자유롭습니다. 비록 누이동생 마르타와 쓸쓸한 노년을 보내고 있지만 그의 삶이 가련하지는 않습니다. 정호경 신부님은 장자 양생주 편에 나오는 제지현해(帝之縣解)라는 말을 '하나님께 매인 해방'이라고 번역했습니다. 모순처럼 보이는 '매임'과 '해방'이란 단어가 결합하여 신앙의 신비를 절묘하게 드러내고 있습니다.

위험한 시대의 성찬

잃어버린 어떤 것

고등학교 시절 베네데토에게 작문과 라틴어 수업을 받았던 학생들이 살아가는 모습은 다양합니다. 의사인 눈치오 사카는 현실에 적응하며 살지만 스승으로부터 받았던 가르침을 헌신짝처럼 버리지 못했기에 현실과 이상 사이의 소롯길에서 흔들리며 살아갑니다. 장교로 복무하고 있는 콘체티노 라구야는 권력에 맛들인 채 파시스트 정권의 수족이 되어 살아갑니다. 그는 스승을 존중하지만, 현실을 돌아보지 않는 고집스러움에는 넌더리를 냅니다. 베네데토는 집권당의 깃발에 축복을 빌어달라는 콘체티노의 부탁을 일언지하에 거절합니다. 그는 겨우 삼십 대 초반의 나이에 "벌써 권태롭고 지친 늙은 회의론자처럼" 보이는 제자들의 현실이 그저 안타깝기만 합니다.

> 난 자네들 중 많은 이들이 어떤 본질적인 것을 가지고 있다고, 중학교에서 고등학교를 거치는 동안 자네들 하나하나를 관찰했던 것과 일치하는 어떤 개인적인 것이 있다고, 결코 평범하지 않은 것이 있다고 믿었다네. 그 뒤 자네들이 세상으로 나갔고, 지금 그 어떤 것은 대체 어디로 간 건가?(38쪽)

작가 스스로 '어떤 본질적인 것' 혹은 '어떤 것'을 볼드체로 적고 있습니다. 사람들은 저마다 고유합니다. 어느 누구도 나를 대신할 수 없습니다. 그것이 고난과 슬픔이라 해도 말입니다. 특정하기 어렵지만 없다고도 말할 수 없기에 작가는 그것을 '어떤 것'이라고 말합니다. 잘 산다는 것은 그 어떤 것을 잘 간직하며 사는 것일 겁니다. 하지만 그것을 끝까지 간수한다는 게 여간 어려운 일이 아닙니다. 함석헌 선생은 '내 마음 다 팔았고나!'라는 시에서 전락의 쓰라림을 이렇게 노래합니다.

내 마음 다 팔았고나!
다 팔아 먹었고나!
아버지가 집에서 나올 때
채곡채곡 넣어주시며
잃지 말고 닦아내어
님 보거든 드리라
일러주시던 그 마음
이 세상 길거리에서
다 팔아 먹었고나!

(후략)

그 '어떤 것' 혹은 '마음'을 잃고도 잃은 줄 모르는 게 병이라면 병이겠습니다. 스승의 탄식을 천둥소리처럼 들으면 좋으련만 세상에 정신이 팔린 콘체티노 라구야는 오히려 스승을 힐난합니다.

학교가 삶은 아닙니다, 돈 베네데토 선생님. 학교에서 우리는 꿈을 꿀 수 있지만, 실제의 삶에서는 스스로를 적응시킬 수밖에 없습니다. 그게 현실입니다. 현실에서 우리는 우리가 되고자 하는 것을 결코 이룰 수가 없습니다(39쪽).

콘체티노 라구야의 말 혹은 논리가 낯설지 않지요? 이런 가르침은 날마다 변형된 형태로 우리에게 다가옵니다. 양심의 괴로움을 모면하기 위해서라도 사람들은 이런 논리로 무장한 채 자기 삶을 합리화합니다.

전락한 사람은 그들만이 아닙니다. 베네데토의 제자 가운데 유일하게 성직자가 된 사람이 돈 피치릴로입니다. 스승의 생일 파티에 늦게 나타난 변명을 하면서 그는 '우리 시대의 재난'이라는 글을 쓰다 왔다고 말합니다. 베네데토가 전쟁이나 실업에 대한 글이냐고 묻자, 그는 정색을 한 채 자기는 종교적인 문제만 다룬다고 말합니다. 그에게 동시대의 가장 큰 문제는 "얌전치 못하게 옷을 입는 방법"(42쪽)이었습니다. 파시스트 정권의 폭압으로 사람들의 삶이 조각나고, 전쟁의 나팔소리가 울려 퍼질 때 교회는 겨우 사람들의 옷차림에만 관

심을 가질 뿐입니다. 그게 종교 본연의 자세라고 생각하는
것이지요. 피치릴로는 자기가 담당하고 있는 교구의 고해자
수가 늘어나고, 영성체를 한 신자들의 수가 늘어난 것을 자
랑스러워합니다. 본과 말의 전도가 이런 것이 아닐까 싶습니
다. 하나님의 세상 통치의 기본 원리인 정의와 공의가 무너
질 때, 인애와 긍휼이 가뭇없이 스러질 때, 교회가 깊은 침묵
에 잠긴다면, 아니 자기만족에 겨워 지낸다면, 그 교회를 과
연 그리스도의 몸이라 할 수 있겠습니까? 처음부터 그런 것
은 아니겠지만 피치릴로는 어느새 체제에 길들여지고 말았습
니다. 그도 또한 '어떤 것'을 잃어버린 것이겠지요.

신앙을 잃은 사람

다 그런 것은 아닙니다. 베네데토의 제자 가운데 스승의
지향에 가장 근접한 사람은 피에트로 스피나입니다. 그는 학
생 시절에 마지막으로 제출했던 작문 과제에서 "나는 성자가
되고 싶다. 나는 이러이러한 처지들과 지위와 물질적 편익에
따라 살고 싶지는 않다. 그리고 결과를 염두에 두지 않고서.
내가 보기에 정당하고 진실해 보이는 것을 위해 투쟁하고 싶
다"(47쪽)고 말했습니다. 젊은 날의 결기처럼 보이지만 그는
그런 이상을 살아내기 위해 노력합니다. 그래서일까요? 현실

교회에 깊이 절망한 그는 믿음의 길을 떠나고 맙니다. 교회의 어떤 면이 그를 절망시켰을까요?

> 그가 교회를 버린 것은 교리와 혹은 성사의 효험을 더 이상 못 믿어서가 아니라, 교회가 교회 자신이 마저 싸워야 할 부패하고 사악하고 잔인한 사회 바로 그 자체와 동일한 것으로 보였기 때문이었다(157쪽).

교회가 억압의 기관으로, 권력의 화신으로, 사악한 자들의 행위를 추인하는 도구로 전락했다는 것이지요. 예민한 젊은 이에게 그것은 견디기 어려운 추문이었습니다. 그래서 그는 교회를 떠나 사회주의 그룹, 유물론적 그룹에 가담합니다. 한마디로 유럽의 지식인들을 매혹시켰던 공산주의 운동에 뛰어들었다는 것이지요. 그 결과 그의 삶은 체포, 추방, 도피의 연속이었습니다. 그는 관계기관이 주목하는 위험한 인물이었습니다.

그는 오랜 도피생활로 인해 얻은 병 때문에 고향 가까운 마을에 숨어들어 잠시 숨을 고르려 합니다. 그때 의사 친구인 눈치오가 그의 도피를 도와줍니다. 눈치오는 피에트로 스피나에게 이제는 허황된 이상을 따라 살지 말고 현실에 닻을 내리라고 말합니다. 인간은 자기에게 주어진 삶의 조건 아래서 살아야 하고, 그 조건이 자신이 택하고자 하는 것과 대립

할 때는 그 조건들이 바뀌기를 기다려야 한다는 것이 그의 논리였습니다. 하지만 피에트로는 자유란 선물로 얻어지는 게 아니라면서 독재체제 하에서도 자유를 누릴 수 있다고 말합니다.

> 자기 자신의 정신으로 생각하고 자기 정신을 타락시키지 않고 간직하고 있는 자는 자유롭네. 스스로 옳다고 생각하는 것을 위해 싸우는 자는 자유롭네(69쪽).

예전에 독재체제 하에서 젊은이들이 즐겨 부르던 노래 가사처럼 그는 "무릎을 꿇고 사느니보다 서서 죽기를 원하노라"라고 말하는 사람입니다. 그를 설득할 수 없다는 사실을 확인한 눈치오는 피에트로 스피나에게 수도복을 입혀 변장을 하게 합니다. 돈 파올로 스파다라는 경건한 가명까지 지어줍니다. 그때부터 피에트로 스피나는 요양을 위해 궁벽진 시골에 내려온 돈 파올로 스파다 신부로 살아갑니다. 그는 포사데이 마르시 마을과 피에트리세카의 가난한 농민들 사이에 살면서 그들의 곤고한 삶에 눈길을 보냅니다. 신앙을 갖고 있다고는 하지만 저마다 이기적일 뿐만 아니라, 적당히 미신에 매어 있고, 또 가난을 운명처럼 여기며 살아가는 이들이 가엾기만 했습니다.

가난한 사람들은 늘 무서워한다우." 마탈레나가 말했다. "집을 하나 지으면 지진이 따라오고, 건강하다가도 병들고, 토지가 좀 생기면 홍수가 따라오고, 시샘이 곳곳에 퍼져 있다우(188쪽).

불평과 체념, 두려움이 그들의 일상이었습니다. 궁벽진 마을에 찾아온 신부에게 사람들은 고해를 하고 싶어합니다. 값싼 은총이라도 누리고 싶었던 것입니다. 하지만 돈 파올로 스파다는 자기 교구가 아니라는 핑계로 그런 요청을 단호하게 거절합니다. 신부 행세를 하는 순간 사람들이 몰려들 거고, 그러면 그의 존재가 드러날까 하는 우려 때문입니다. 사제 노릇은 거절하지만 그는 은근히 시골 마을 사람들의 의식을 깨우려 합니다. 재산에 대한 탐욕에 물들지 않은 가난한 이들이 새로운 세상을 이룰 수 있다고 말하지만, 사람들은 별 반응을 하지 않습니다. 온 세상의 변혁보다 그들에게 더 시급한 것은 한 떼기에 지나지 않는 땅을 잘 관리하는 것입니다. 돈 파올로 스파다는 가난한 사람들이 다스리는 나라, 그래서 자자손손 자유로운 인간으로 살아갈 수 있는 세상의 꿈을 심어주려 하지만 그들에게 그 꿈은 아름다우나 서글픈 꿈일 뿐입니다. 세상의 쓴 물을 다 맛본 샤탑 노인은 이렇게 말합니다.

그대는 한 송이 꽃

늑대와 양이 한 목장에서 함께 풀을 뜯고, 큰 물고기가 작은 물고기를 더 이상 잡아먹지 않게 되고, 근사한 이야기지요. 가끔씩 사람들은 새삼스럽게 그 얘기를 해요(225쪽).

'아니다'라고 외치는 한 사람

대체 왜 가난한 농민들은 자기들의 삶을 도탄에 빠뜨리는 정부나 권력자들에 대한 투덜거리면서도 전복을 꿈꾸지 않는 것일까요? 강자들에 대한 합일이라는 해묵은 말만으로는 설명하기 어렵습니다. 우리도 가끔 사회적 취약계층들이 왜 자기들의 이익을 대변해 줄 정당을 외면하고, 오히려 부자들 편에 확고히 서 있는 정당을 지지하는지 참 이상하다는 이야기를 하곤 했습니다. 제일 큰 이유는 그렇게 길들여졌기 때문이 아닐까요? 돈 파올로는 이탈리아 민중들이 "고통을 참고 체념으로 견디는 데 실로 무한한 재능을 가진" 사람들이었다고 생각합니다. "고립과 무지와 불신, 그리고 집안 대 집안 간의 비생산적인 적의 속에서 사는 데 길들여져 온 사람들"(315쪽)이라는 것이지요. 또 다른 이유도 상정해 볼 수 있습니다. 그들은 개혁의 타락을 지속적으로 경험했습니다. 그러니 개혁이나 혁명이니 하는 말에 염증을 느끼는 것입니다. 새로운 세상을 꿈꾸던 열혈청년 폼페오가 동료들에게 하는 말 속에 그런 허탈함이 담겨 있습니다.

> 나라를 멸망으로부터 구해 내고 개혁의 길을 열어 놓은 사람이
> 있었지요. 그 사람의 말은 명확했고 의심의 여지가 없었습니
> 다. 하지만 그가 권좌에 올랐을 때, 우린 그의 행동이 그의 말
> 과 반대되는 것에 놀랐습니다(260-261쪽).

혁명을 꿈꿨던 동지 울리바의 말도 같은 사실을 가리킵니
다.

> 모든 새로운 이념들이 언제나 종국에 가선 움직일 수 없는 퇴
> 행적인 강박관념으로 끝나게 되지(293쪽).

이런 경험이 반복될 때 사람들은 역사 허무주의에 빠지기
쉽습니다. 민중들의 허무주의야말로 파시스트들이 가장 좋아
하는 것입니다. 모든 일을 숙명으로 받아들이는 허무주의자
들처럼 조작하기 좋은 이들이 또 있겠습니까? 역사상의 독
재자들이 부끄러운 일을 반복하는 것은 어쩌면 전략인지도
모르겠다는 생각이 듭니다. 아무리 몸부림쳐 보아도 세상은
달라지지 않는다는 생각에 사로잡힌 이들이 그렇다고 하여
세상사에 초연하게 지내지는 않습니다. 집단적 광기의 바람
이 몰려오면 그들은 냉철한 판단이나 성찰을 하기보다는 몸

으로 먼저 반응합니다. 그것이 자기들에게 이익을 가져올 거라는 전망과 결합된다면 더 말할 것도 없습니다.

무솔리니로 대표되는 파시스트 정권은 에티오피아에 선전포고를 하고는 젊은이들을 전쟁터로 동원합니다. 체제를 선전하는 포스터가 곳곳에 나붙고, 각종 선동 문구가 적힌 전단지가 배포되고, 전속 웅변가들이 거리에서 애국주의를 부추기고, 수많은 성직자들이 사람들을 집단 마비 상태에 몰아넣었습니다. 적당히 나른하던 그 시골 마을에도 애국주의 열풍이 불어옵니다. 건장한 아들들을 둔 집들은 자식을 전쟁터에 내보낼 수 있다는 사실에 안도하고, 아들이 없는 집은 괜히 부끄러워하기도 합니다. 가난한 소작농들은 전쟁에서 승리하면 실업자들도 비옥한 농토를 갖게 될 것이라는 허황된 꿈에 사로잡힙니다. 속고 살아왔으면서도 그들은 다시 한 번 기꺼이 속을 준비가 되어 있습니다. 그 허망한 열정의 끝은 혐오일 수밖에 없습니다. 마을에서 깨어 있는 사람은 돈 파올로 한 사람뿐입니다. 그는 역사의 이면을 꿰뚫어 보는 사람입니다. 그런 의미에서 예언자를 닮았습니다. 그는 사람들의 눈길을 피하여 식당에서 가져온 목탄으로 곳곳에 선동 구호를 적습니다. "전쟁을 중단하라!", "자유 만세!", "평화 만세!" 그 비애국적인 선동 구호를 보고 사람들은 격렬한 증오를 드러냅니다. 그리고 범인을 색출하기 위해 혈안이 됩니다. 돈 파올로를 진짜 신부로 믿고 있는 마을 처녀 비앙키나는 그 구호를 적은 사람이 돈 파올로임을 눈치채고 두려워합니다. 그때 돈 파올로는 참 위험한 말을 합니다.

> 독재란 만장일치에 기초를 두고 있는 거야. 한 사람만 아니다라고 말하면 전체가 산산조각이 나 버리지(354쪽).

> 그 어마어마하고 완강한 질서를 위태롭게 하는 데는 보잘것없는 사람 하나, 아무것도 아닌 단 한 사람이 아니다라고 말하는 것으로 족해(355쪽).

어쩌면 이것이야말로 신앙에 근거한 철저한 낙관론인지도 모르겠습니다. 아무 것도 아닌 사람의 입에서 터져 나오는 '아니다'가 강고한 질서를 위태롭게 만들 수 있다는 말을 들으며 "하나님께서는 세상에서 비천한 것들과 멸시받는 것들을 택하셨으니 곧 잘났다고 하는 것들을 없애시려고 아무것도 아닌 것들을 택하셨습니다"(고린도전서 1:28)라고 말한 바울의 고백이 떠오른 것은 과민한 반응일까요? 가끔 말의 무력함을 절감하며 절망의 심연으로 끌려 들어갈 때가 있습니다. 아무리 하늘을 가리켜도 사람들이 땅을 향한 시선을 거두지 않을 때, 자본주의의 거대한 파도 소리가 참을 외치는 소리를 압도할 때 허탈감이 찾아듭니다. 보잘 것 없는 한 사람의 입에서 터져 나온 '아니다'라는 외침이 허공으로 흩어지지

그대는 한 송이 꽃

않는다고 정말 믿어도 좋을까요?

신은 어디 계신가?

　베네데토 신부는 성의를 벗고 비밀리에 자기를 찾아온 피에트로 스피나를 반갑게 맞이합니다. 피에트로는 자기는 오래 전에 신앙을 잃어버렸다고 말합니다. 베네데토는 그런 피에트로를 꾸짖지 않습니다. 그가 잃어버렸다고 말하는 신앙은 어쩌면 참 신앙이 아닐지도 모른다며, 신부인 자신도 현실의 어둠이 지극할 때면 신에 대한 의심에 사로잡힌다고 고백합니다. 신은 어디에 있는가? 신은 왜 우리를 버리는가? 이런 질문 앞에 설 때마다 말문이 막히곤 합니다. 그런데 회의의 격랑을 겪어낸 베네데토는 제자를 새로운 인식의 자리로 초대합니다.

　　학살을 알리는 확성기와 타종 소리는 분명 신이 아니었네. 우리가 날마다 신문에서 읽는 에티오피아의 마을에 대한 포격과 폭격은 물론 신이 아냐. 하지만 적의로 찬 동네의 어떤 가련한 사람 하나가 한밤중에 일어나 숯덩이나 페인트로 동네 담벼락에 '전쟁을 중단하라'는 구호를 쓴다면, 신은 말할 것도 없이 그 사람 뒤에 임재하고 계시네. 누군들 위태한 상황에 대한 그

사람의 분노와, 적이라고 불리는 이들에 대한 그의 사랑 속에서 신의 빛을 발견하지 못하겠나?(381쪽)

신의 빛은 저 화려하고 장엄한 예배당의 스테인드글라스를 통해서 드러나는 것이 아니라, 속절없이 유린되는 생명에 대한 연민과 분노 속에서 드러나는 법이라는 말이겠지요? 신은 어쩌면 위험을 무릅쓰고 악을 악으로 폭로하고, 약자들을 품어 안으려는 사람들의 등 뒤에서 가만히 그들을 지탱해주고 있는지도 모르겠습니다. 제도화된 종교는 일쑤 악을 추상적 관념으로 대치하곤 합니다. 현실의 악을 악으로 폭로하는 일은 위험하기에, 불의한 현실을 '마귀'의 역사라는 추상 속에 가두곤 합니다. 보는 자인 피에트로 스피나는 깊이 애정을 느끼던 크리스티나를 염두에 두고 쓴 메모에서 이렇게 말합니다.

만약 우리가 주위에 창궐하고 있는 악을 뚜렷이 보고 있다면, 아무런 행동도 하지 않고 내세나 기다리는 것으로 위안하고 있을 수만은 없소. 대항해서 싸워야 할 악은, 마귀라고 불리는 그 서글픈 추상적 관념이 아니오. 악이란 수백만의 인간들로 하여금 인간다운 행동을 하지 못하게 하는 그 모든 것이오. 우리에게도 역시 직접적인 책임이 있소(435쪽).

그대는 한 송이 꽃

아픔의 성사

신앙을 잃었다고는 하지만 어쩌면 참다운 신앙의 문턱에 서 있는 것은 바로 그인지도 모르겠습니다. 장삼이사들이 얽혀 살아가는 생의 현장에서 이웃들에 대한 책임을 다하기 위해 위험을 무릅쓴 사람들, 그들이야말로 하늘나라에 속한 사람이 아닐까요? 일상적인 삶의 자리에서 초월의 세계를 암시하거나 가리키는 모든 행위는 일종의 성사(聖事)입니다. 세상에는 성사의 도구가 된 이들이 있습니다. 파시스트 정권에 저항하다가 붙잡혀 고문 끝에 죽은 무리카의 장례식장에서 아버지인 무리카 노인은 비통한 감정을 애써 감추며 조문하러 온 사람들에게 술과 빵을 권하며 담담하게 말합니다.

> 나를 도와, 이 빵을 만든 곡식의 씨를 뿌리고 김을 매고 탈곡을 하고 빻은 건 바로 그 앱니다. 어서 드십시오. 이건 그 아이의 빵이에요.

> 나를 도와, 포도나무의 가지를 치고, 물을 주고 잡초를 뽑고 따들여서 이 포도주를 빚은 건 바로 그 앱니다. 드십시오. 이게 그 아이의 포도주요(442쪽).

성례전을 집행하는 성직자들이 낭독하는 전례문의 문학적

변형입니다. 무리카의 빵과 포도주를 먹고 마신다는 것은 그를 기억하는 행위인 동시에, 그가 지향했던 세계를 긍정하는 일입니다. 그 자리에 있던 피에트로는 사람들의 발에 밟혀 으깨진 곡식과 포도가 사람들을 살린다는 취지의 말을 합니다.

> 빵은 많은 이삭의 낱알들로 만들어집니다. 따라서 그것은 하나가 됨을 의미합니다. 포도주는 많은 포도알로 만들어집니다. 따라서 그것 역시 하나가 됨을 의미합니다. 비슷한 것들이 똑같이 모여 뭉치는 하나의 결합인 것입니다. 따라서 그것은 진실과 형제애를 의미하기도 합니다. 이것들은 함께 어울려 화목하게 지내는 것이지요(443쪽).

작가는 일상의 음식인 빵과 포도주가 성찬의 빵과 포도주로 변하는 것은 타자들의 아픔에 공감하는 일을 거칠 때, 진실과 형제애를 가슴에 품을 때라고 말합니다. 으깨지고 짓밟힌 이들이 서로의 아픔을 부둥켜안을 때 거룩한 변화가 일어납니다. 그게 바로 성찬의 신비 아니겠습니까? 소설은 경찰의 추격을 피해 눈 덮인 산으로 도망치는 피에트로를 돌보기 위해 거친 산길을 달려가는 크리스티나의 죽음을 암시하며 끝납니다. 이냐치오 실로네의 글을 읽으면서 이미 상투어로 변해버려 더 이상 사람들의 존재를 타격하지 않는 종교적 언어에 대해 다시금 생각하지 않을 수 없었습니다. 구체적인 상황 속에서 작동하지 않는 신앙이란 허위의식이거나 자기기만일 수 있겠다는 생각이 들었습니다. 우리에게 익숙한 신앙의 언어들을 포기하지 않으면서도, 그 의미의 깊이를 싱싱하게 재현해 낼 수 있는 능력이 절실합니다. 작가들은 우리를 그런 도전 앞에 세웁니다.

아낌만한 것이

없다

이군, 새벽빛이 희뿌옇게 밝아오는 아침입니다. 불기 없는 사무실에 앉아 아침을 맞는 일이 조금씩 힘들어지네요. 하지만 밤과 낮의 경계선이 무너지며 아침 햇살이 조금씩 비쳐드는 이 시간, 새로운 삶을 살라고 주신 이 복된 순간이 흔감(欣感)할 따름입니다. 주위가 참 고요합니다. 하루 중 가장 아름다운 시간입니다. 존재하고 있다는 사실 하나만으로도 이렇게 충만할 수 있다는 사실이 참 좋습니다. 정겨운 얼굴들을 머릿속에 그리다가 문득 이군을 떠올리게 되었습니다. 하고 많은 얼굴 중에 왜 이군이 떠올랐는지는 모르겠습니다. 어쩌면 모딜리아니의 목이 긴 사람들처럼 목마른 표정으로 나를 찾아오는 이군이 나를 부른 것인지도 모르겠습니다.

잔뿌리만으로 버티기엔

일상의 일을 소홀히 하지 않으면서도 자기가 선 자리를 가늠하기 위해 가끔은 멈추어 설 줄 아는 군이 참 대견합니다. 화가들은 자기 마음에 그린 이미지들을 화폭에 옮기다가 가끔 뒤로 물러나 자기 그림을 살피곤 하지요. 그것은 자기가 그린 형상이 전체 화면과 잘 조화되는지를 살피기 위한 몸짓일 것입니다. 군은 그런 노력을 게을리 하지 않더군요. 나는 삶에 아폴론적인 질서도 필요하지만, 디오니소스적인 일탈과 열정도 필요하다고 믿는 사람입니다. 하지만 일탈과 열정도 더 큰 질서에의 통합을 지향하는 과정이 아니라면, 다시 말해 더 큰 중심을 향한 솟구침이 아니라면 참 곤란한 일입니다. 오늘의 청년 문화의 전모를 볼 눈이 내게는 없습니다. 그래서 청년 문화에 대해 왈가왈부하는 것이 적절치 않다고 느끼지만 그래도 직관적으로 느끼는 바는 있습니다. 그것은 '부박함'이라는 한 단어로 요약되는 것 같습니다. 관심이 다양하게 분화되어 있어 그 색깔은 화려하지만 지속성은 없는 것이 특색이라면 특색 아닌가요?

중심을 지향하기보다는 중심으로부터 벗어나는 탈주의 선을 더 소중히 여기는 세상이니 어쩔 수 없다고 생각할 수도 있겠습니다. 하지만 지속성이 없는 일들은 우리에게 쓸쓸한 뒷맛을 남길 때가 많습니다. 일관된 법칙도 지향도 없는 가치들의 무질서한 율동을 보면서 나는 정서적 충격을 느낍니다. 어디로 발을 내딛든 중심을 향한 여정이기를 소망하며 살아온 내게 리좀(rhizome)적 질서는 매우 곤혹스럽습니다. 가끔 산에 오르다가 바람에 밀려 뿌리를 드러낸 채 쓰러진 나무를 봅니다. 어김없이 뿌리를 아래로 깊이 내리지 못하고 잔뿌리만 발달해있는 나무입니다. 잔뿌리만으로 버티기엔 세상이 그리 호락호락하지 않은 것 아닌가요? 물론 뿌리를 깊이 내린다는 것은 힘겨운 일입니다. 자기 자신의 어둠과 싸워야 하고, 거친 비바람과 싸워야 하고, 벽처럼 딱딱한 장애와 싸워야 하니까요.

이 암흑 속에 나는 계속 뿌리가 되는 게 싫다.
젖은 흙담 속에 안절부절 밑으로 늘어뜨려진 꿈에 떠는 뿌리,
무엇이든 흡수하고 생각하고 또 날마다 식사를 하는.

젊은 시절부터 좋아하던 파블로 네루다의 시 〈산보〉의 일부입니다. 삶이 무겁다고 생각되어 비틀거릴 때마다 나는 이 시를 떠올리곤 했습니다. 마치 내 마음을 꿰뚫고 있는 것처럼 생각되었기 때문일 겁니다. 그런데 이상한 것은 이 시를 읊조리고 나면 다시 그 어둠을 향해 팔을 뻗는 것이 그렇게 힘들게 느껴지지 않더라는 것입니다. 그건 어쩌면 '공감'에서 비롯된 힘 때문인지도 모르겠어요. 마음을 새롭게 하면

아픔도 슬픔도 고통도 힘이 되어 삶의 대지 위에 뿌리를 깊이 내릴 수 있게 되는 것 같더군요.

얼마 전에 만난 선배 목사님은 다짜고짜 내게 "김수영이 앙코르와트에 다녀왔으면 '거대한 뿌리'를 다시 썼을 거야" 하고 말씀하시더군요. 앙코르와트에 다녀오신 소감을 그렇게 표현하신 것인데, 수 백 년 동안 인간의 발걸음이 닿지 않았던 그곳의 신전 건물을 휘감아 오른 나무를 보고 자연 앞에서 인간이 얼마나 작은가를 절감하고 오신 것 같았습니다. 그렇지요, 만일 김수영이 그곳을 보았더라면 다른 시적 상상력을 발휘했을지도 모르겠습니다. 어쨌든 김수영은 이 척박한 슬픔의 땅에 발을 붙이기 위해서라면 어떤 수모도, 어떤 반동도 감내하겠다고 말하면서 "— 第三人道橋의 물 속에 박은 鐵筋기둥도 내가 내 땅에/박는 거대한 뿌리에 비하면 좀벌레의 솜털"이라고 말합니다.

고통의 은총

나는 그렇게 말하지 못합니다. 그것은 김수영처럼 삶이 절박하지 않기 때문입니다. 절박함이 없기에 현실에 착근하려는 노력도 그만큼 부족할 수밖에 없습니다. 그렇다고는 해도 내 인생이 부평초처럼 흔들릴 때가 없는 것은 아닙니다. 가

아낌만한 것이 없다

장 의미 있다고 생각했던 일들이 무의미하게 느껴지고, 누군가에 대해 품고 있던 꿈을 접어야 할 때 나는 흔들립니다. 참 고통스러운 순간입니다. 하지만 돌이켜 생각해보면 그 고통이야말로 은총입니다. 고통이 없다면 살아있음을 실감할 수 없었을 테고, 생명의 고마움을 몰랐을 터이니 말입니다. 생텍쥐페리는 그의 일기에서 이렇게 말합니다.

> 인간이란 누구나 바람에 따라 방황한다. 꽃들은 아마 이렇게 말할 것이다. 인간은 뿌리가 없어 상당히 불편할 거야. 그러나 나는 내 몸에서 뿌리가 돋는 것을 느낀다. 그것은 고통의 뿌리이다. 고통만이 인간을 대지 위에 뿌리를 뻗게 하는 유일한 은총이다.

어쩌면 우리 시대의 문화가 천박한 것은 고통을 정직하게 대면하지 않기 때문이 아닐까 생각해보았습니다. 우리는 세계 곳곳에서 벌어지는 전쟁을 마치 컴퓨터 게임을 보듯 바라봅니다. 어두운 하늘을 가르는 미사일의 섬광은 마치 불꽃놀이와 같습니다. 미디어는 그 미사일이 떨어진 자리에서 벌어지는 참상은 보여주지 않습니다. 흥건히 흐르는 피, 잘린 손과 발, 그리고 아비규환의 비명소리… 현대문명은 그런 것을 감쪽같이 제거해줍니다. 전쟁터에서 죽어가는 테러와 굶주림으로 죽어 가는 사람들은 피와 살을 가진 사람이 아니라 아라비아 숫자로 치환되어 우리에게 제공되고, 우리는 그저 혀를 쯧쯧 참으로써 그들을 망각의 강에 밀어 넣고는 재빨리 일상의 삶으로 복귀합니다. 파괴와 폭력의 현장에서 죽어가고 있는 이들에 대한 안타까움은 있지만, 그것이 우리의 평안한 일상을 깨뜨리지는 못하는 것입니다.

아픔이 없으니 창조도 없습니다. 무통분만(無痛分娩)의 시대는 생명을 낳지 못합니다. 필요한 것을 생산할 뿐이지요. 그렇기에 생명 가치는 생산구조에 종속됩니다. 기가 막힌 뒤집힘입니다. 우리는 이 뒤집힌 현실을 유일한 현실로 인정하고 살아갑니다. 자본주의라는 매트릭스는 사유도 진정한 공감도 허락하지 않습니다. 고통 받는 이들이 엄연히 존재하는 데도 우리는 무관심과 무감각으로 무장한 채 갑각류로 변해가고 있습니다. 자크 아탈리는 "시장이 우위를 점하는 곳에서 소비자는 자기 이익만을 염두에 두고 행동할 것"이라고 말했습니다. 경쟁 논리의 종속변수로 변해버린 이들에게 남는 것은 타자에 대한 두려움과 거리감입니다. 그 두려움 때문에 사람들은 사나워집니다. 자기를 지키기 위해서 이마에 '맹견주의'의 팻말을 써 붙이고 살아가는 이들이 많습니다.

이 시대에 우리가 회복해야 할 가장 소중한 가치가 뭐냐고 물으셨지요? 나는 서슴없이 대답하겠습니다. 그것은 '아낌'입니다. 공감할지 모르겠지만 이것은 내게 절실한 도전입니다. 생태계의 파괴가 가속화되고 있는 세상이니 모든 것을 아껴야 하겠지요. 시간이 촉박합니다. 과민한 탓인지 모르겠지만 저는 지금의 도시 문명이 마치 나발의 잔치와 같다는 느낌을 받습니다. 아시지요? 그는 "도대체 다윗이란 자가 누구며, 이새의 아들이 누구냐? 요즈음은 종들이 모두 저마다 주인에게서 뛰쳐나가는 세상이 되었다"(사무엘상 25:10)고 말하며 절박한 처지에 있던 다윗을 조롱한 사람입니다. 모욕당한 다윗이 복수를 다짐하며 부하들을 이끌고 나발의 집을 향하고 있을 때 그는 왕이나 차릴 만한 술잔치를 베풀고 취할 때로 취하여서 흥겨운 기분이 되어 있었습니다. 다음 날 아침 숙취와 함께 잠에서 깨었을 때 그는 아내인 아비가일로부터 지난밤에 있었던 일의 전말을 전해 듣고는 심장이 멎고 몸이 돌처럼 굳어져서 열흘을 앓다가 죽고 맙니다. 나발 이야기는 지금 우리들의 이야기입니다. 이 도취상태에서 깨어나지 않으면 안 됩니다. 자본주의는 우리의 욕망을 자극하고, 그것을 확대 재생산함으로써 제 몸집을 불려갑니다. 하지만 그것은 군대 귀신에 들려 비탈길을 내리닫는 돼지 떼의 상황과 다를 바 없습니다.

자본주의 질서는 난폭하기 이를 데 없습니다. 능력 있는 사람보다 덕 있는 사람이 존중받던 호시절은 지나갔습니다. 군자는 사라지고 소인배들이 판을 치는 세상입니다. 세상이 시끄러운 것은 아마 그 때문일 것입니다. 자본주의 질서는 사람을 아끼지 않습니다. 비정규직 노동자가 늘어나고, 능력이 다소 부족한 이들에게는 일자리조차 허락되지 않습니다. 장애를 안고 살아가는 이들은 주변부를 벗어나기 어렵습니다. 얼마 전에 프랑스에서 일어난 빈민층 이주 청소년들의 소요 사태는 우리에게 시사해주는 바가 많습니다. 프랑스 말로 대도시의 외곽지역을 일컫는 말이 방리유(Banlieue)라지요? 그런데 프랑스 정부당국은 방리유를 '도시 민감 지역'이라고 부른다더군요. 이것은 주변부를 바라보는 주류 집단의 오만한 눈길을 그대로 드러내주는 표현입니다. 눈에 보이는 분리의 장벽만 없을 뿐 그들은 자기 땅에서 유배당한 자들입니다.

돈이 주인인 세상에서 우리가 기독교인으로 부름 받은 까닭이 무엇인지 생각해본 적 있는지요? 어쩌면 그것은 강고한 자본주의의 세상에 균열을 내라는 것이 아닐까요? 쉽지 않은 과제이고 도전입니다. 하지만 딱딱한 얼음을 깨는 데는 망치보다 바늘이 유용하듯이, 자본주의 질서에 균열을 일으키는 것은 자본으로부터 독립한 사람 하나면 충분합니다. 물

아낌만한 것이 없다

론 그런 독립한 인격들이 함께 연대할 수 있다면 더 좋겠지요. 나는 바른 신앙인은 정신의 독립을 이룬 사람이라고 생각합니다. 유형무형의 강제에 의해 떠밀리듯 살아가기보다는 자기 내면의 소리를 따라 살아가는 사람들, 그러면서도 이웃에게 사랑으로 다가설 수 있는 사람 말입니다. 유르겐 몰트만은 교회가 '출애굽 공동체'가 되어야 한다고 말했어요. 바로가 지배하는 세상에서 탈출해 자유의 새 땅을 향하는 것이 교회의 존재 이유라는 말이지요. 요즘 젊은이들이 좋아하는 말로는 탈영토화와 재영토화를 지속하는 것이 되겠네요.

하지만 오늘의 교회는 자본이라는 바로(Pharoh)가 지배하는 세상의 한 부분이 되고 만 것 같습니다. 크기와 힘에 대한 집착으로 교회는 그 근본인 예수정신을 잃어가고 있습니다. 이군이 교회에 절망했던 것은 이런 현실 때문이 아닌가요? 내가 이미 교회의 질서 속에 깊숙이 몸을 담은 목사가 아니라면 나 또한 교회를 떠날 생각을 했을지도 모르겠습니다. 그러나 나는 교회를 떠나지 않겠습니다. 할 수 있는 한 자본이 아닌 예수적 가치가 교회와 세상의 중심이 되기를 소망하면서 몸부림칠 겁니다.

그대는 한 송이 꽃

아낌, 참 삶의 시작

　나는 예수가 보여준 삶의 핵심이 '아낌'이라고 생각합니다. 예수님은 만나는 모든 사람들을 아끼셨습니다. 그가 민족의 반역자로 낙인찍힌 세리이든, 행실이 나쁜 여자라는 소문이 난 사람이든, 죄인이라고 규정된 사람이든, 하늘의 벌을 받았다고 백안시되는 병자들이든, 귀신에 들린 사람이든 예수는 모든 이들을 귀하게 여겼습니다. 인간적인 호오(好惡)의 감정을 떠나, 그들 존재의 중심에 있는 선함과 아름다움을 보아냈습니다. 예수님은 당신께 나아오는 사람을 누구라도 물리치지 않겠다고 말씀하셨습니다. 주님은 당신의 존재 이유가 보내신 분의 뜻을 행하는 것이라고 말하면서 그 뜻을 명백히 드러내셨습니다.

　　나를 보내신 분의 뜻은, 내게 주신 사람을 내가 한 사람도 잃어버리지 않고, 마지막 날에 모두 살리는 일이다(요한복음 6:39).

　이 마음으로 사는 사람이 어찌 사람들을 함부로 대하겠으며, 건성으로 대할 수 있겠습니까? 목회자인 나는 아직 이 마음을 얻지 못했습니다. 젊은 날에 품었던 거룩을 향한 열정은 안락하고 안이한 삶에 잠겨버리고, 얼어 죽어가는 이의

아낌만한 것이 없다

포근한 꿈만 꾸고 있습니다. 잠들었던 제자들을 깨우며 '이제는 일어나 가자'고 말씀하셨던 서른세 살 청년 예수의 모습은 예순 살 먹은 이 어설픈 제자의 얼굴에서 가뭇없이 사라지고 말았습니다. 이제 일어서야 할 때라고 느낍니다. 이군 같은 젊은이들이 있어 나는 혼곤한 잠에서 깨어 일어나고 있습니다. 교학상장(教學相長)이라는 말이 있지요? 가르치는 이와 배우는 이가 함께 성장한다는 뜻입니다. 이군의 열정은 나를 새로운 배움터로 초대하고 있습니다. 고맙습니다.

사람들의 심성이 너무 거칠고 사나와졌습니다. 도로 위를 질주하는 운전자들의 시야가 좁아지고 남에 대한 배려나 너그러움이 줄어들 듯이, 이 무서운 문명의 발전 속도는 심성이 황폐화하는 속도와 비례하는 것이 아닌가 생각해봅니다. '느림'이 하나의 상품이 되고 있는 세상이니 새삼스럽게 느림에 대해 말하고 싶은 생각은 없지만 그래도 느림은 우리의 문명병을 치유해주는 가장 소중한 요소입니다. 배고픈 이들을 먹이고, 버림받은 치매노인들의 대소변을 받아내며 살아가는 사람들, 장애자들을 부둥켜안고 살아가는 사람들의 삶은 속도전일 수 없습니다. '웰빙'을 위한 느림도 소중하지만, 이웃을 돌보기 위해 자발적으로 느림을 선택한 사람들이야말로 예수의 제자들입니다. 춘추전국시대에 살았던 노자의 말이 생각나네요.

그대는 한 송이 꽃

사람을 다스리고 하늘을 섬기는 데는 아낌만한 것이 없으니
무릇 아낌을 일컬어 빨리 돌아감이라 한다
빨리 돌아감을 일컬어 덕을 거듭 쌓는다고 한다

治人事天 莫若嗇
夫惟嗇, 是謂早復
早復, 謂之重積德(老子, 59장)

　모두가 이 마음으로 산다면 얼마나 좋겠어요. 사람을 아끼
는 것이 참 삶의 시작일 겁니다. 특히 세상의 속도에 적응하
지 못한 채 뒤쳐진 사람들, 자기 목소리를 갖지 못한 이들,
무방비로 폭력에 노출된 사람들을 아낄 줄 모른다면 우리는
결코 참 사람이 될 수 없습니다. 경제 발전이라는 파이를 키
우기 위해 이런 이들을 버리고 가는 사회는 결코 지속 가능
한 사회가 될 수 없습니다. 잃어버린 양 한 마리를 찾아 나서
는 목자의 심정이 실종된 문화는 몰락할 수밖에 없는 것 아
닐까요? 사람 아낌과 하늘 섬김은 결코 나눌 수 없는 것입니
다. 아낌이야말로 우리가 본래의 자리로 돌아가는 지름길입
니다.

틈을 만드는 사람들

그런데 규모가 커지면 아낌의 자리는 좁아지게 마련입니다. 인간적인 규모라는 것이 분명히 있는 것 같아요. 간디가 마을 공동체를 세상 변혁의 초석으로 보았던 것은 그 때문일 겁니다. '작은 것이 아름답다'는 말은 경쟁에서 밀려난 패배자들의 허울 좋은 구호가 아닙니다. 사과 씨 한 알속에서 과수원을 보아내는 게 믿음이라지요? 안으로 견고하게 생명을 품은 씨앗처럼, 속에 예수의 혼을 품은 사람들 그들이 있어 세상은 여전히 아름답습니다. 규격화된 벽돌과 역청을 가지고 쌓아올리는 욕망의 바벨탑은 결국 무너질 수밖에 없습니다.

나는 이군처럼 바르게 살려고 애쓰는 젊은이들이 이 답답한 세상에 작은 틈을 만들었으면 좋겠어요. 몇 해 전에 텔레비전에서 수십 년을 한결 같이 바위를 쪼며 우물을 파들어가는 할아버지를 보았습니다. 언젠가는 값진 보화를 얻으리라는 그분의 바람은 허망해 보였지만 그분의 수도자적인 몸짓에서 나는 서늘한 감동을 느꼈습니다. 어리석음이 없으면 세상을 바꿀 수 없습니다. 사람이 사람으로 존중받고, 모든 피조물들이 자기 생명의 몫을 누리는 참 세상을 이루기 위해 몸부림치는 이들의 꿈을 하늘이 외면하지는 않겠지요. 나는 이군의 답답한 마음을 일시에 해결해줄 수 있는 답을 가지고

그대는 한 송이 꽃

있지 않습니다. 답은 스스로 찾아야 합니다. 다만 그 길에서 나는 이군이 예수의 마음, 즉 '아낌'이라는 단어 하나를 화두처럼 붙들고 살라고 말하고 싶습니다. 평화를 빕니다.

아낌만한 것이 없다